COLECCIÓN

COLECCIONES

Ejecutiva
Superación personal
Salud y belleza
Familia
Literatura infantil y juvenil
Con los pelos de punta
Pequeños valientes
¡Que la fuerza te acompañe!
Juegos y acertijos
Manualidades
Cultural
Espiritual
Medicina alternativa
Computación
Didáctica
New age
Esoterismo
Humorismo
Interés general
Compendios de bolsillo
Aura
Cocina
Tecniciencia
Visual
Arkano
Extassy

Maggie Jones

Cómo identificar y ayudar a niños hiperactivos

SELECTOR

actualidad editorial

Doctor Erazo 120
Colonia Doctores
México 06720, D.F.

Tel. 55 88 72 72
Fax 57 61 57 16

CÓMO IDENTIFICAR Y AYUDAR A NIÑOS HIPERACTIVOS
Titulo en inglés: *Hyperactivity*

Traducción: Silvia Peláez
Diseño de portada: Carlos Varela

©Element Books Limited 2000
Text ©Maggie Jones 2000

Copyright © 2000, Selector S.A. de C.V.
Derechos de edición reservados en español
para todo el mundo

ISBN-13: 978-970-643-311-4
ISBN-10: 970-643-311-2

ISBN (en inglés): 1-86204-580-1

Décima Segunda reimpresión. Febrero de 2007.

NI UNA FOTOCOPIA MÁS

Maggie Jones es autora de quince libros de ficción
y de investigación. Se ha especializado en temas relacionados
con la salud y tiene un interés particular en la de los niños.
Escribe con regularidad en revistas y periódicos de circulación
nacional en Estados Unidos.

Contenido

Introducción

"**M**I HIJO ES hiperactivo", es una afirmación frecuente que puede escucharse en cada grupo de juegos, así como entre las madres de niños que empiezan a gatear, lo mismo que en el patio de recreo de las escuelas en todo el país. Aunque se usa con frecuencia, más bien se abusa del término "hiperactividad". Las encuestas demuestran que el 30 por ciento de los padres describen a sus hijos como "hiperactivos" al menos parte del tiempo. Cerca de uno de cada diez padres dirían que su hijo tiene serios problemas de hiperactividad. Los investigadores en Estados Unidos han calculado que entre 5 y 8 por ciento de los niños tienen este problema; mientras que los expertos en el Reino Unido consideran que el número de niños con hiperactividad verdadera es de sólo uno en 100 o en 200 niños.

Mientras existe una fuerte controversia en cuanto a las causas y la definición exacta de este síndrome, así como del número de niños afectados, la hiperactividad ahora ha recibido el reconocimiento de la profesión médica, y se le conoce como desorden de déficit de atención (DDA) o desorden de déficit de atención por hiperactividad (DDAH). Algunas veces se le conoce como el síndrome "hiperkinético", aunque esta nomenclatura ha caído en desuso.

Algunos médicos creen que la hiperactividad es, de hecho, simplemente una parte del espectro normal del comportamiento; todo mundo sabe que algunos niños son mucho más activos que otros, y que tienen un temperamento más impulsivo o curioso, y que también obviamente algunos niños necesitan dormir menos que otros. Con frecuencia, estas tendencias son heredadas, de modo que existe cierto grado de verdad en la creencia de que algunos niños "nacen hiperactivos", y que los padres que fueron hiperactivos es muy probable que tengan hijos hiperactivos. Asimismo, los estudios con gemelos demuestran que hay un factor genético, y que en el 50 por ciento de gemelos idénticos, ambos son hiperactivos (véase el capítulo uno).

En algunos casos raros, es posible que la hiperactividad sea el resultado de daño cerebral menor, causado durante el embarazo o el nacimiento. También puede ser provocada por sustancias químicas y otras sustancias dañinas que se encuentren en el medio ambiente. Recientemente la hiperactividad ha sido vinculada con envenenamiento, que es más frecuente de lo que se pensaba, y con los químicos artificiales en la dieta, tales como colorantes, saborizantes y conservadores. Igualmente, la hiperactividad puede vincularse con drogas como los esteroides, que por lo común se usan en el tratamiento de eczema, asma y otras alergias frecuentes en la niñez. El comportamiento hiperactivo en los niños ha sido vinculado con la cafeína –la cual se encuentra en los refrescos, el chocolate y los dulces– y con alergias e intolerancia a los alimentos.

De todas las controversias que han rodeado las causas y el tratamiento de la hiperactividad, ninguna ha sido tan fuerte como la cuestión de la dieta. Muchos libros y artículos se han publicado para señalar que la causa principal de la hiperactividad es la intolerancia a ciertos alimentos, y que por lo tanto, el principal tratamiento consiste en identificar y eliminar estos alimentos de la dieta. Muchos grupos de apoyo para padres con hijos hiperactivos recomiendan ciertas dietas y los padres han señalado que observan un cierto avance. Por su parte, los médicos están muy divididos en cuanto al aspecto de la dieta, pues algunos la apoyan y otros la rechazan totalmente. Existe cierto número de dietas para el tratamiento de niños hiperactivos, las cuales se revisarán en el capítulo dos.

Es más probable que los niños sean diagnosticados como hiperactivos –unas cinco veces más– que las niñas. Mientras que existe una base genética para esto, puede ser parcialmente, ya que por lo general los niños parecen ser más activos físicamente y más ruidosos que las niñas, y si esta tendencia se exagera, quizá sea más problemático. En realidad, es probable que los niños sean estimulados a ser más activos desde el punto de vista físico, con frecuencia los niños tranquilos y tímidos son vistos como "raros". Se espera que los niños sean más agresivos y activos que las niñas, de modo que quizá no resulte sorprendente que algunos niños se porten "mal".

También, la hiperactividad, hasta cierto punto, está en la mente de quienes la padecen; algunas personas esperan que los niños sean vivaces y tempestuosos, y tolerarán e, incluso, aprobarán este tipo de comportamiento, mientras que otros esperarán que sus hijos sean más tranquilos y obedientes. Algunas veces, los niños son etiquetados como "hiperactivos" cuando sus padres u otras personas simplemente tienen expectativas poco razonables de la forma en que un niño debe comportarse.

Sin embargo, la verdadera hiperactividad, o DDAH, es un patrón de comportamiento inquieto, carente de atención e impulsivo por el cual los niños no se quedan quietos, no pueden poner atención más que por un tiempo muy breve, y no permanecerán en los juegos, con los juguetes, actividades ni con niños de su misma edad. Con frecuencia, los niños hiperactivos no están a gusto en las guarderías, y estarán retrasados con relación a sus compañeros. Es posible que tengan problemas con la lectura y con el aprendizaje de otras habilidades básicas. Con frecuencia, el DDAH va acompañado de otros retrasos en el desarrollo tales como torpeza (dispraxia) y retrasos en el lenguaje.

Por lo general, el niño hiperactivo no se da cuenta de que tiene un problema, y no comprenderá la reacción de las demás personas. Entre las quejas más frecuentes están: "Siempre tengo problemas" o "¿por qué las personas siempre me gritan?", así como "no puedo hacer mis tareas". Es posible que los niños hiperactivos tengan dificultad para hacer amistades y llevarse bien con otros niños. Si no se atienden estos problemas, un niño con DDAH puede descubrir que las oportunidades que tiene en la vida son muy reducidas.

Por otra parte, la hiperactividad puede vincularse con otros padecimientos. Con frecuencia los desórdenes del sueño tienen un papel importante. La falta de sueño puede ser causada por el DDAH, pero también pueden provocarlo. Un niño que no duerme lo suficiente con frecuencia se sentirá cansado, fragmentado, torpe e incapaz para concentrarse durante el día.

Asimismo, muchos elementos de la vida moderna pueden contribuir al problema de la hiperactividad. La vida se vive mucho más rápidamente que en el pasado. Actualmente, los niños tienen que lidiar con un bombardeo de información, estímulos y entretenimientos, que les llega de la televisión, los juegos de computadora, las actividades organizadas, los grupos de amigos para después de clases y los medios de comunicación en general. Mientras que tal vez están siendo sobreestimulados mentalmente, los niños modernos quizá carezcan de ejercicio físico que los cansaría de una manera saludable. Muchos niños no caminan rumbo a la escuela primaria debido al peligro de los caminos y al temor por los violadores de niños. Además, muchas escuelas, especialmente en ciertas zonas, tienen poco espacio para que los niños jueguen en el recreo o hagan deporte. En la actualidad los niños pasan mucho menos tiempo caminando de la escuela a su casa, o jugando en la calle, o jugando futbol en el parque. El niño moderno con frecuencia se queda en casa o se le incluye en actividades supervisadas en lugar de tener libertad física.

Los programas de televisión han sido divididos en episodios cada vez más cortos, los cuales requieren periodos de atención cada vez más breves. Las películas son más ágiles, y aun más agresivas, con una acción que nos lleva velozmente de un clímax a otro en una rápida sucesión. Los niños no pueden ser inmunes a estas tendencias y quizá esperen que se aplique el mismo ritmo en la escuela y en la casa, reduciendo su capacidad para pasar tiempo concentrándose en tareas más lentas que requieren de una atención a largo plazo.

Otro problema es el aumento de estrés que ha tenido nuestra sociedad al desarrollar las habilidades intelectuales y pasar los exámenes, en parte debido a que el trabajo manual ya no tiene tanta fuerza como parte de un enfoque práctico del aprendizaje. Ahora la opción está entre obtener las calificaciones de una escuela normal o no tener trabajo, y a medida que los exámenes se vuelven cada vez más competitivos, una generación de niños está siendo forzada a tener cada vez un mejor aprovechamiento en la escuela. El establecimiento de metas ha hecho que los maestros y los padres se enfoquen en aquellos niños que no han podido alcanzar estos parámetros, y quieren encontrar los motivos para ello. Como resultado, aquellos niños a quienes se les dificulta el trabajo escolar son considerados como un problema.

De igual forma, es posible que los niños estén sobrestimulados y pierdan la habilidad para concentrarse. En tanto que en el pasado los niños se acostaban temprano para leer o jugar un poco en su cuarto, actualmente se les permite estar despiertos hasta muy tarde, viendo televisión o videos o participando en actividades sociales. Esta tendencia está aumentando, en parte porque muchas madres trabajan y la noche es el único momento del día que pueden pasar con sus hijos. También las horas de las comidas ahora son más fragmentadas y los niños tienden a picar y a comer alimentos menos saludables. La hiperactividad puede vincularse con un bajo nivel de azúcar debido a una mala dieta y a espaciar demasiado las comidas. Muchos bocadillos dulces y carbohidratos refinados provocan una repentina elevación en el nivel de azúcar, lo cual pude provocar que el niño sea muy activo, aunque después viene una "caída" a medida que el nivel de azúcar en la sangre baja con la consecuente irritabilidad, falta de concentración y comportamiento errático.

Existe evidencia de que la educación de los niños también puede tener un efecto en la hiperactividad. Los niños con familias inestables y caóticas, o con falta de armonía, o donde no reciben la atención necesaria para aprender a jugar de manera constructiva, pueden llegar a ser hiperactivos o desarrollar problemas de conducta. Por lo tanto, es muy importante que se conozcan las causas del comportamiento hiperactivo y se haga un diagnóstico adecuado antes de que se dé un tratamiento.

¿Puede tratarse la hiperactividad?

Aquellos padres cuyos hijos han sido diagnosticados como hiperactivos tienen diferentes opciones de tratamiento. En casos graves, los doctores ortodoxos recomiendan medicamentos para calmar al niño y así reducir los problemas de comportamiento y ayudarlo a concentrarse en la escuela. Curiosamente, las medicinas que por lo general se usan para tratar la hiperactividad son estimulantes y no tranquilizantes. Esto se debe a que se piensa que estas medicinas estimulan partes del cerebro que en realidad no están funcionando de manera adecuada en el niño hiperactivo. El hecho de que estas medicinas puedan, en algunos casos, ser efectivas, es evidencia de que puede haber una disfunción específica en el cerebro que provoca la hiperactividad.

Algunas veces el tratamiento con medicina a corto plazo puede ayudar a calmar al niño mientras aprende nuevos patrones de comportamiento. Las medicinas tienden a ser menos efectivas con el tiempo, de modo que el tratamiento a largo plazo rara vez se recomienda. Sin embargo, muchos padres se sienten angustiados, lo cual es comprensible, por el uso de medicamentos poderosos en su hijo, especialmente porque se sabe que las drogas pueden tener efectos colaterales (véase el capítulo tres). La principal alternativa médica a los fármacos es la terapia conductual, que normalmente se lleva a cabo con la participación de un psicólogo clínico o educativo. Con frecuencia se recomienda la terapia conductual para el niño y algunas veces asesoría para toda la familia. Esto por lo general tiene el objetivo de ayudar a los padres a crear rutinas para sus hijos y encontrar formas para recompensar el buen comportamiento así como a desalentar el comportamiento disociador.

Además de estas terapias convencionales, existe una variedad de terapias alternativas o complementarias que puede tener buenos resultados con los niños hiperactivos. La homeopatía, la osteopatía craneal, la aromaterapia, las técnicas de visualización y relajación pueden ser de gran provecho. Éstas se estudiarán con detalle en el capítulo cuatro. La terapia nutricional ofrece muchos beneficios, así como detectar cualquier alergia a los alimentos o intolerancias y alterar la dieta de su hijo para eliminarlas, puede producir resultados impactantes, como se explica en el capítulo dos.

Si crees que tu hijo puede ser hiperactivo, es muy importantes buscar ayuda. Muchos padres creen que tienen la culpa del comportamiento difícil de sus hijos y se sienten culpables. Hay formas de facilitar la vida tanto para ti como para tu hijo, y si los maestros y el personal de preescolar reconocen el problema, también hay formas de ayudarlo en la escuela. Si pones manos a la obra ahora, hay muchas posibilidades de que puedas ayudar a tu hijo a romper el círculo vicioso de la estigmatización y bajo aprovechamiento y ubicarlo en el camino para lograr una vida plena y feliz.

¿Cuáles son las causas de la hiperactividad?

LA HIPERACTIVIDAD, o Desorden de Déficit de Atención por Hiperactividad (DDAH) es un desorden de la conducta, más que una enfermedad. Debido a esto, muchas personas creen que es provocada por un mal cuidado de los padres o por gente que "deja que sus hijos se salgan de control", o etiquetan a los niños con DDAH como travieso, flojo y estúpido. De hecho, esto está lejos de la verdad. El DDAH es un desorden real, aunque ha llegado a llamar la atención de muchos médicos sólo recientemente, así que es muy probable que no lo hayan estudiado en su entrenamiento. Se encuentra en las dos clasificaciones internacionales de los desórdenes mentales y, por lo general, es reconocido en todo el mundo.

Sin embargo, ha habido un abismo considerable entre la forma en que se veía este desorden en el Reino Unido y Europa y la forma en que se veía en Estados Unidos. En este último se considera que la hiperactividad no se asocia, por lo general, a daño cerebral, pero se trata de un nivel mayor y por encima de lo normal y es común en los niños. Y es en este país donde se ha llevado a cabo una amplia investigación.

Influencias genéticas

Es claro que en la hiperactividad hay un componente genético. Para empezar, la hiperactividad es mucho más frecuente en niños que en niñas "unas cuatro o cinco veces más frecuente". Por lo general, los niños parecen ser más vulnerables que la niñas a un gran número de desórdenes en el desarrollo, que van desde dislexia hasta autismo, de modo que tal vez esto no sea sorprendente. Por supuesto, los niños son, por lo general, más activos desde el punto de vista físico y también son más impulsivos que las niñas, por lo que estas características pueden ser fácilmente exageradas.

Es claro que estas diferencias de género están presentes en el cerebro del nonato. Parece que el cerebro de un niño se desarrolla más lentamente que el de una niña. Los lados derecho e izquierdo del cerebro de un niño también muestran menos conexiones entre ellos. Un lado del cerebro maneja el lenguaje y el razonamiento, el otro tiene que ver con el movimiento, las emociones y la percepción del espacio y la posición. Ambas mitades se comunican entre sí a través de un manojo de nervios conocido como cuerpo calloso. El número de estos nervios es proporcionalmente menor en los niños, y mucho menor en niños con DDAH.

La revisión cerebral a través de IRM (Imágenes de Resonancia Magnética) de los niños que realizan ciertas tareas muestra que los niños tienden a atacar ciertos problemas usando un solo lado del cerebro, mientras que las niñas usan ambos lados.

Las exploraciones muestran las diferentes partes del cerebro resaltándolas a medida que los niños trabajan. El lado derecho del cerebro de un niño es mucho más rico en conexiones internas, lo cual puede explicar la tendencia de los niños a ser mejores en matemáticas, que implica actividad en el lado derecho del cerebro.

Debido a que las niñas tienen más conexiones entre ambos lados del cerebro, tal vez les resulte más fácil encontrar nuevos patrones donde no hay daño cerebral alguno. Quizá esto explique por qué las mujeres se recuperan más fácilmente de las embolias y daño cerebral que los hombres. Asimismo, esto puede ayudar a explicar por qué los niños son más proclives a presentar desórdenes tales como la dislexia, DDAH, autismo, etcétera.

Puede haber otras razones de por qué el DDAH es más común en los niños. La hormona masculina testosterona, que produce el feto masculino y que se incrementa en la pubertad, tiende a hacer más agresivos y más activos físicamente a los niños, y éstas son características que se incrementan cuando hay DDAH.

El primer estudio importante de DDAH es el de los gemelos que muestran una clara influencia genética; fue llevado a cabo por investigadores británicos en 1989. Compararon 29 gemelos idénticos y 45 gemelos no idénticos del mismo sexo. Descubrieron que 51 por ciento de los gemelos idénticos, ambos, tenían hiperactividad, en tanto que sólo 33 por ciento de los gemelos no idénticos estaban afectados ambos. Llegaron a la conclusión de que la herencia era más importante como causa que los problemas de conducta dentro de la familia, lo cual, pensaron los investigadores, es el resultado de tener niños hiperactivos más que la causa de ello.

Desorden cerebral y DDAH

En años recientes, se han llevado a cabo muchos estudios para encontrar la causa de DDAH. Un área de investigación ha sido en la producción de la sustancia llamada *dopamina* que se produce naturalmente en el cerebro. La dopamina es un neurotransmisor, que es responsable de ayudar a transmitir mensajes dentro del cerebro. Una teoría es que no se produce suficiente dopamina en áreas cruciales del cerebro en niños con DDAH.

La Resonancia Magnética se ha utilizado para estudiar la estructura del cerebro en niños con DDAH. Un estudio, publicado en Estados Unidos en 1992, comparó los cerebros frontales de 18 niños con DDAH con 18 niños "normales". Descubrieron que el rostrum y el cuerpo rostral, dos regiones frontales de parte del cerebro, eran significativamente más pequeñas en los niños con DDAH. Este descubrimiento indica que los niños con DDAH tienen un defecto en esta parte del cerebro que inhibe las respuestas, lo cual parece ser el problema principal con los que padecen DDAH. Otra diferencia en el cerebro fue que mientras en los niños "normales" un área llamada *núcleo caudado* derecho es normalmente más grande que el izquierdo, en los niños con DDAH ambos núcleos tenían el mismo tamaño. Asimismo, los investigadores descubrieron que el flujo sanguíneo en el cerebro en los niños con DDAH se veía reducido en la región de los núcleos caudados, y mucho muy reducido en el lado derecho.

Se sabe que la disfunción de la corteza prefrontal puede dar como resultado incapacidad para concentrarse y enfocar la atención. También puede ocasionar deficiencias en la habilidad para realizar ciertas tareas, tales como la tarea de respuesta retardada oculomotora, que se cree que indica la función normal de esta parte frontal del cerebro. La tarea de respuesta retardada oculomotora, es aquella donde se pide al niño que mire estímulos visuales y luego realice una respuesta motora, para ver cuánto se retarda ésta, y probar la velocidad de respuesta del ojo en relación con la mano. Un estudio en el que se comparó a trece niños con DDAH con diez niños "normales", mostró que los niños con DDAH eran menos capaces de retrasar su respuesta y movían su mirada muy pronto, mostrando que probablemente haya una disfunción en la actividad cortical prefrontal.

Daño cerebral en el nacimiento o la niñez

No hay duda de que cierta hiperactividad es causada por daño cerebral en el nacimiento o en la niñez. Algunas veces los bebés no reciben oxígeno durante el proceso de nacimiento, lo cual puede llevar a trastornos de conducta o hiperactividad. Sin embargo, la mayoría de los bebés que tienen un nacimiento difícil no se afectan de esta forma, y no es la causa de la hiperactividad en la mayoría de los niños.

El daño puede ser causado al cerebro en desarrollo durante el embarazo si las madres beben alcohol en exceso, consumen drogas y fuman mucho. El síndrome de feto alcohólico con frecuencia incluye hiperactividad.

El daño cerebral a partir de un accidente que produce un golpe en la cabeza puede causar hiperactividad, así como otros síntomas, pero esto es una causa poco usual y la mayoría de los padres estarán conscientes de la causa si el comportamiento de su hijo cambia después del golpe en la cabeza.

Temperamento difícil y desarrollo lento

Todos los bebés nacen en forma diferente y presentan enormes variaciones en sus niveles de actividad. Están los bebés "buenos" que duermen todo el día, y que se despiertan sólo para comer, y los que están despiertos pero no contentos, que se sienten felices de estar en el piso, de gorgorear y mover sus brazos y piernas. Otros estarán contentos siempre y cuando alguien los cargue, y otros son complicados, irritables, algunas veces difíciles de alimentar, y lloran mucho. Se despiertan con facilidad y mueven sin cesar piernas y brazos y son difíciles de tranquilizar.

Muchos de estos niños empiezan con dificultades, pero se calman y para el tiempo en que empiezan a gatear juegan y duermen igual que los demás niños. Sin embargo, en algunos las dificultades continúan. El niño que gatea puede ser extremadamente activo, quiere estar en todo, se aburre fácilmente y es muy demandante. En el otro extremo de este comportamiento normal está la hiperactividad. La línea divisoria entre el niño normalmente activo y el anormalmente hiperactivo puede ser muy delgada.

Los estados de ánimo de los niños también son importantes. El niño que es extremadamente activo pero que sonríe, ríe y está contento es mucho más fácil de tratar que un niño igual de activo pero que llora, está irritable y descontento. Diferentes niños para diferentes padres. El bebé activo que tiene papás activos a quienes les gustan los juegos rudos, salir, y que siempre están apurados, pueden llevarse bien; mientras que el mismo niño con padres tranquilos y que les encanta estar en casa relajados o leyendo libros pueden terminar completamente frustrados.

Algunos niños se desarrollan más lento que otros. Esto puede no ser permanente; con frecuencia un niño que se desarrolla lentamente se pondrá al corriente más adelante y llegará al mismo nivel que otros niños de la misma edad. Existe alguna evidencia de que cierta cantidad de hiperactividad puede ser una forma de desarrollo lento. Éstos pueden ser los niños que tienden a "sobreponerse a ella" y tranquilizarse antes de llegar a la adolescencia.

Dieta

Ha habido varias teorías acerca del papel de la nutrición en la hiperactividad, incluyendo el hecho de que los niños pueden ser sensibles y tener alergias a ciertos alimentos. El diagnóstico de las alergias e intolerancia a alimentos, así como las dietas que ayuden, se estudiarán en el capítulo dos. Sin embargo, también hay teorías que señalan que la hiperactividad puede ser causada por un trastorno metabólico.

Ciertas investigaciones han señalado el hecho de que los niños con DDAH pueden carecer de minerales y vitaminas en su dieta y esto puede provocar su estado. El zinc, el magnesio, la vitamina C, la B3, B6 y B12 (ácido fólico) han sido implicadas en ello, y están vinculadas al metabolismo de los ácidos grasos esenciales. La mejor forma de asegurar que tu hijo obtenga lo suficiente de estas vitaminas y minerales es que tengan una dieta balanceada y saludable. Sin embargo, los niños cuya dieta está restringida debido a las alergias a los alimentos pueden encontrarse con deficiencia de vitaminas y minerales. En estos casos, tu hijo se puede beneficiar de los complementos. Es posible que necesite hablar con su médico o nutriólogo acerca de la dosis recomendada.

OTROS VÍNCULOS

La investigación también señaló otros posibles factores dietéticos como causa de hiperactividad. Uno de éstos es el hecho de que una dieta que es rica en ciertas proteínas puede ocasionar que se produzca una sustancia llamada *P-cresol* que puede ser tóxica para el sistema nervioso (según lo indican los experimentos con ratas). En Inglaterra se descubrió que ciertos aditivos en los alimentos descontrolan los métodos por los cuales el cuerpo de deshace del P-cresol. Esto puede explicar el papel de los aditivos en la hiperactividad y puede explicar por qué algunos niños hiperactivos mejoran cuando siguen una dieta sin leche (la leche contiene gran cantidad de tirosina).

ÁCIDOS GRASOS ESENCIALES

Una nueva línea de investigación, que es muy prometedora, es el vínculo entre DDAH y la falta de ácidos grasos esenciales que deben tomarse en la dieta porque el cuerpo no los puede metabolizar, y son necesarios para una gran variedad de reacciones bioquímicas necesarias para el funcionamiento saludable del cuerpo. Los niños con DDAH pueden tener una deficiencia de ácidos grasos esenciales ya sea porque no los obtienen de la dieta, porque no los pueden absorber, porque necesitan una cantidad mayor que la normal. Muchos padres de niños hiperactivos dicen que sus hijos muestran una sed excesiva, y esto es un síntoma de deficiencia de ácidos grasos esenciales en el cuerpo.

Esta deficiencia puede remontarse hasta antes del nacimientos. Los bajos niveles de ingesta de ácidos grasos esenciales en la mujer embarazada han estado relacionados con un mayor riesgos de DDAH, dislexia, autismo y esquizofrenia. La falta de ácidos grasos esenciales durante el embarazo es común, y recientemente se ha señalado que la tendencia actual de tener dietas bajas en grasas, con leche descremada y yogures bajos en grasa significa que algunas mujeres embarazadas no están obteniendo las grasas que necesitan. Una mujer adulta saludable requiere de 6 a 10 gramos de ácidos grasos esenciales diariamente, y en el embarazo esto se duplica hasta cerca de 14 gramos.

Incluso después del nacimiento, tu bebé necesita una buena cantidad de ácidos grasos esenciales, especialmente un ácido graso llamado *ácido docosahexanoico* que es importante para el desarrollo del cerebro y de los ojos; mientras, tu bebé no es capaz de producir este ácido hasta que tiene unos cuatro meses. La leche materna es rica en este ácido, por lo que es la mejor forma de alimentar a tu bebé. La investigación ha demostrado que los bebés alimentados con leche materna o fórmula enriquecida con este ácido esencial tienen mejor agudeza visual que aquellos que no lo reciben. También se ha descubierto que la falta de omega-3 se relaciona con problemas de conducta y de aprendizaje, mientras que la falta de omega-6 se asocia con un bajo nivel de inmunidad.

Los ácidos grasos esenciales se encuentran naturalmente en las verduras, las ensaladas, las nueces y las semillas, así como en el pescado; una dieta alta en productos del mar ayudaría a sobreponerse a cualquier deficiencia. Los dos principales suplementos de ácidos grasos están en el aceite de primavera, que contiene ácidos gamalinoleicos, y el aceite de pescado que contiene ácidos docosahexanoicos y eicosapentanpoeicos.

ACEITE DE PRIMAVERA

Se ha descubierto que el aceite de primavera es útil en el tratamiento de la hiperactividad. Es un aceite natural derivado de las semillas de variedades específicas de la planta de primavera. El aceite es rico en el ácido graso esencial gammalinoleico. Este ácido es normalmente producido por el cuerpo a partir del ácido graso linoleico que está presente en la dieta normal.

Varios estudios han demostrado que algunos niños con DDAH pueden tener dificultades para metabolizar los ácidos grasos esenciales. Pueden carecer de la enzima delta-6 desaturasa, necesaria para convertir el ácido cislinoleico a partir de alimentos del mar en ácido gammalinoleico. Este ácido tiene que ver en la producción de prostaglandinas que se relacionan con el sistema inmunológico y el comportamiento. Agregar ácido gammalinoleico a la dieta puede, por lo tanto, ayudar a compensar este déficit y mejorar el comportamiento del niño hiperactivo.

CAFEÍNA

Es bien sabido que la cafeína es un estimulante y puede provocar que los adultos se pongan tensos, irritables y tengan problemas para dormir después de tomar grandes cantidades. Sin embargo, no se sabe que muchos refrescos contienen sorprendentes cantidades de cafeína, y que los niños reaccionan más a la cafeína que los adultos, especialmente cuando son muy chicos.

La cafeína no puede, de hecho, ser metabolizada por los bebés pequeños. Las mamás que dan pecho a sus bebés y beben grandes cantidades de café notarán probablemente que su bebé se vuelve muy inquieto y no dormirá, pues la leche materna contendrá un 50 por ciento del nivel de cafeína que contenga el flujo sanguíneo de la madre. Puesto que tu bebé no puede eliminar la cafeína, permanecerá en su sistema provocando irritabilidad y falta de sueño mucho después de que dejes de notar algún efecto.

Los estudios científicos han demostrado que la cafeína afecta el sueño y provoca movimientos inquietos, y también se sabe que estimula el desempeño de un atleta. En exceso puede provocar temblores y, una gran cantidad de café −300 miligramos o más en un adulto− puede provocar tensión, ansiedad y, algunas veces, dolores de cabeza. Demasiado café puede llegar a matar; −una dosis fatal para un adulto es de 5 000 miligramos o cuarenta tazas de café cargado. La cafeína causa adicción en adultos que beben 350 miligramos de café al día −en otras palabras, cuatro tazas de café cargado u ocho tazas de té.

Aunque en los niños, debido a que metabolizan menos la cafeína y tienen un peso corporal mucho menor, cantidades mucho menores de cafeína pueden ocasionar efectos adversos. En una encuesta realizada en la década de los ochentas, se descubrió que el 65 por ciento de los refrescos contenía cafeína, y no sólo las colas. Los refrescos contenían entre 38 y 46 miligramos de cafeína por cada doce onzas, eso significa que una lata contiene tanta cafeína como una taza promedio de café. Muchas bebidas para deportistas contienen incluso niveles más altos de cafeína pues están hechos para disparar los niveles de energía del atleta. Se ha dicho que los fabricantes cínicamente agregan cafeína en los refrescos porque saben que puede crear dependencia. En niños sensibles, puede provocar una hiperactividad temporal o empeorar un problema de DDAH ya existente.

El chocolate también contiene cafeína. Una barra común de 50 gramos de chocolate contiene cerca de 10 miligramos de cafeína. Así que si tu hijo come chocolate y toma refrescos quizá esté ingiriendo una alta dosis de cafeína que, inevitablemente, tendrán un efecto sobre su comportamiento, provocando que esté más activo, irritable y adormilado.

Marie descubrió que su hijo mayor reaccionaba inmediatamente después de beber cualquier refresco con cafeína.

"Era notorio cuando tenía como cuatro o cinco años de edad. Se volvía completamente loco. Yo nunca le daba estos refrescos, siempre pasaba en fiestas o cuando salíamos con otras personas, de modo que asumí que estaba sobrestimulado debido a la situación social. Pero una vez me persuadió de que le diera una cola que alguien había olvidado en la casa, y ocurrió lo mismo: se volvió completamente maníaco en cuestión de minutos, dando vueltas por la casa y atacando a su hermano. Por supuesto tuvimos que prohibir la cola definitivamente."

La respuesta, si tienes un hijo hiperactivo es simple: elimina los refrescos con cafeína, no le des café ni té y reduce el consumo de chocolate. En algunos casos el comportamiento hiperactivo se reducirá inmediatamente, aunque si tu hijo es completamente dependiente tal vez pase por una difícil fase de desintoxicación durante algunos días y quizá suplique que le des cola y chocolate.

Efectos colaterales de las medicinas

Algunos medicamentos tienen efectos colaterales que provocan hiperactividad, por ejemplo los esteroides que se recetan para el tratamiento de alergias como el eczema y el asma. Si este es el caso, el padre necesita hablar con el doctor acerca de la posibilidad de reducir la dosis o utilizar otras alternativas o, en caso de que esto no sea posible debido a los riesgos de que se presente un ataque de asma, deben buscar otras formas para reducir los síntomas.

> Joshua era un niño muy alérgico que sufría de eczema y asma. Su mamá usaba esteroides en aplicación cutánea cuando el eczema era grave, o cuando tenía serias crisis asmáticas que terminaban en hospitalización; incluso utilizó una dosis baja de esteroides inhalados. Después de esto, el niño se puso muy hiperactivo, corriendo por toda la guardería como un loquito y casi no dormía. La mamá de Joshua consideró la posibilidad de reducir la dosis de esteroides, pero el doctor pensó que como ahora el niño ya estaba estable y ya no presentaba ataques, ésta quizá, no sería una buena idea. De hecho, la dosis gradualmente se hizo menos potente a medida que Joshua crecía; aunque todavía es un niño muy vivaz y activo, duerme correctamente y va muy bien en la escuela, además de que su hiperactividad ya no es un problema.

El plomo y la hiperactividad

Existe cierta preocupación de que el envenenamiento invisible por plomo que se encuentra en el aire, el agua que bebemos y la tierra, pueda ser responsable de la hiperactividad en algunos niños. Todavía hay tubería de plomo y también se encuentra en la pintura de las paredes en algunas casas de antes de 1950. El plomo que contiene el petróleo y emitido en los gases puede encontrarse en el polvo y la tierra en áreas cercanas a caminos transitados y carreteras.

Por ejemplo, un envenenamiento severo causado por plomo en un niño que come fragmentos de pintura de una vieja puerta escarapelada, es inconfundible y puede provocar accesos y pérdida de la conciencia, con la consecuencia de daño cerebral, el cual puede provocar hiperactividad. Por fortuna, esto es raro. Se solía pensar que no había peligro con un nivel por debajo de los 40 miligramos de plomo por 100 mililitros de sangre, pero estudios recientes han demostrado que los niños con niveles por debajo de éstos, pero que aún así son altos, pueden tener dificultades para concentrarse y hacer algunas pruebas psicológicas.

Es muy importante evitar el envenenamiento por plomo al no raspar la pintura de puertas viejas, hacer trabajos de carpintería y muebles de madera cuando los niños estén cerca. Es mejor hacer este tipo de trabajo cuando la familia no esté en casa o contratar a profesionales que limpiarán adecuadamente después de hacer su trabajo. En especial, debes evitar dejar fragmentos de pintura cerca de los niños que se los puedan comer; tampoco es bueno dejarlos inhalar los vapores que expide la pintura cuando utilices un removedor químico o un soplete. Incluso los adultos que hacen esto deben usar una máscara.

El estrés de la vida moderna

Hay algunas evidencias de que el estrés puede provocar hiperactividad. Cuando los niños están estresados, con frecuencia aprietan su quijada, encogen los hombros y tensan los músculos del cuello. Esto reduce el flujo de sangre al cerebro, provocando síntomas físicos tales como dolores de cabeza, vértigos, falta de concentración e hiperactividad.

Un estudio reciente llevado a cabo en Bretaña demostró que uno de cada cinco niños en edad escolar estaba bajo estrés. Esto puede deberse a problemas familiares causados por una separación o divorcio, falta de empleo porque lo intimidan en la escuela o por la presión de los exámenes. Además, los cambios en la escuela, así como en el estilo de vida, por lo general significan que los niños pasan mucho más tiempo dentro de la casa haciendo tareas, usando computadoras y viendo televisión en lugar de hacer suficiente ejercicio físico. Muy pocos niños caminan rumbo a la escuela en la actualidad y muchas escuelas no tienen espacio suficiente para actividades deportivas ni para juegos con pelota durante el recreo. Se ha demostrado que el ejercicio físico ayuda a aliviar el estrés y es de gran utilidad para que los niños duerman mejor. No es sorprendente que sin la oportunidad para acercarse a juegos físicos, muchos más niños serán diagnosticados como hiperactivos.

Dificultades con el diagnóstico

El problema en el diagnóstico de DDAH es que este trastorno varía en cuanto a su gravedad a partir de un niño que es más activo, con más energía o más impulsivo que el promedio, hasta el niño maníaco hiperactivo. Sin embargo, el diagnóstico de DDAH es más factible que se haga en Estados Unidos que en Gran Bretaña. Hace unos cuantos años, en Estados Unidos cerca de 100 niños de escuela primaria con inteligencia normal fueron diagnosticados como hiperactivos, y el número de niños con otras dificultades de aprendizaje era mucho mayor; por su parte, en el Reino Unido la cifra era algo así como de uno en 100 ó 200. Esto significa que, de acuerdo con algunas personas, sólo 10 por ciento de los niños hiperactivos fueron diagnosticados en Gran Bretaña. Ahora esta cifra está cambiando, y ha sido diagnosticada una mayor proporción de niños con DDAH. Por lo general, la hiperactividad es mucho más severa en niños pequeños, aunque se estima que 70 por ciento de los niños con DDAH la desarrollarán en la adolescencia y 10 por ciento en la edad adulta (esto es, después de los 25 años de edad). Sin embargo, los efectos de un aprendizaje deficiente, así como de malas relaciones sociales, inevitablemente tendrán una poderosa influencia para el resto de la vida del niño.

DDAH se diagnostica cuando están presentes ocho de los siguientes síntomas:

* *dificultad para mantener la atención en las tareas*
* *se distrae fácilmente*
* *con frecuencia parece no escuchar*
* *con frecuencia cambia de una actividad inconclusa a otra*
* *con frecuencia pierde cosas necesarias para lo que está haciendo*
* *a menudo interrumpe o se impone a los demás*
* *tiene dificultades para esperar su turno en los grupos*
* *con frecuencia responde abruptamente las preguntas*
* *suele involucrarse en actividades físicas sin considerar las consecuencias*
* *a menudo habla en exceso*
* *tiene dificultades para jugar tranquilamente*
* *tiene dificultades para permanecer sentado*
* *tiene problemas para seguir instrucciones*

Antes de diagnosticar DDAH, el médico debe haber estudiado las circunstancias de tu hijo así como sus antecedentes para estar seguro de que no hay dificultades en casa que podrían estar provocando este comportamiento; por ejemplo, un divorcio, abuso físico, mental o sexual, así como comprobar que tu hijo tenga la oportunidad de realizar actividad física durante el día.

Sin embargo, lograr el diagnóstico es sólo el principio. El principal tratamiento médico para el niño con hiperactividad son los medicamentos (véase el capítulo tres). En algunos casos la terapia conductual se utiliza también, o en lugar de las medicinas, pero los médicos y los psiquiatras no concuerdan en qué tan efectivas con las diferentes partes del tratamiento. Cierto número de estudios han demostrado que no hay ninguna ventaja en sumar una terapia conductual al tratamiento con Ritalin, la droga principal utilizada para tratar la hiperactividad. Sin embargo, hay una mayor diferencia en el enfoque del tratamiento de DDAH entre aquellos que favorecen los medicamentos y quienes piensan que las medicinas son dañinas y defienden otros remedios tales como la dieta, la modificación del comportamiento, y terapias alternativas. Todos estos tratamientos se revisarán más adelante.

¿Podría el médico diagnosticar algo más?

Ocasionalmente los síntomas parecidos a los de DDAH pueden ser provocados por otros padecimientos. Unos cuantos de éstos se enlistan a continuación.

SÍNDROME DE TOURETTE

Éste es un trastorno neurológico que se cree es provocado por un metabolismo anormal de la dopamina, un neurotransmisor en el cerebro. Es un padecimiento heredado, de modo que tal vez más de un gene participe en ello. Es mucho más común en niños que en niñas. Con frecuencia, empieza con síntomas similares a los de DDAH, y después empiezan a aparecer los tics característicos, que tu hijo no podrá controlar. Este tic consiste en hacer muecas, parpadear, alzar los hombros, menear la cabeza, escupir, frotarse la nariz, bailar la pierna, así como formas extrañas de caminar. Los tics vocales incluyen hacer gruñidos, sorber, toser, ladrar, repetir palabras o sonidos hechos por otros (ecolalia) y usar malas palabras (coprolalia). Los tics pueden variar desde una simple crispadura hasta un comportamiento más complicado. Algunas veces los niños y adultos con el síndrome de Tourette pueden controlar los tics durante breves periodos cuando se concentran intensamente o cuando saben que es importante hacerlo, y esto, por lo general, es seguido por una necesidad de desatarse con una serie de violentos tics.

En esto puede ayudar una variedad de medicamentos. Clonidine es una medicina para la presión sanguínea que influye en el equilibrio de dopamina y parece ayudar a algunas personas. También pueden utilizarse algunos tranquilizantes.

Muchos niños con el síndrome de Tourette se diagnostican inicialmente como hiperactivos.

Elaine pensó que algo andaba mal con su hijo Sam cuando tenía ocho meses de edad. No se estaba quieto, arrojaba los objetos y aparentemente no se podía concentrar en nada. No parecía hacer conexiones, y repetidas veces hacía cosas que lo lastimaban o que provocaban respuestas negativas por parte de su mamá. Hacía berrinches violentos y golpeaba su cabeza varias veces en el piso de concreto.

Cuando tenía como tres años de edad, Sam empezó a desarrollar obsesiones. Por ejemplo, se levantaba y encendía y apagaba las luces por un periodo de veinte minutos más o menos. Cuando empezó a ir al jardín de niños, las encargadas notaron problemas en su comportamiento, que era hiperactivo y casi siempre difícil de controlar.

Por estas fechas, el médico general de Sam lo transfirió con un pediatra y con un psiquiatra. Le dijeron que era hiperactivo y sugirieron una dieta especial. También sugirieron que un factor importante en su comportamiento era un mal cuidado por parte de los padres.

Cuando Sam empezó a ir a la escuela los problemas se hicieron más serios: se sentía muy disgustado e intimidado. Elaine recibía quejas frecuentes acerca del comportamiento del niño y sus malas palabras, de modo que lo cambió de escuela.

Después de doce semanas en la nueva escuela, la mamá de Sam fue llamada al descubrir que el patrón de comportamiento se estaba repitiendo. Se le pidió asistir a una junta con el maestro encargado, un policía y una trabajadora social y se le comunicó que Sam había atacado a otros niños en los baños. Estaba con niños mayores que él, quienes sabían cuándo parar el juego, pero él no lo sabía. También intimidado y había sido excluido de la escuela por su propia seguridad. Sam estuvo fuera de la escuela durante ocho meses y Elaine ya no sabía qué hacer.

Finalmente, Elaine conoció a alguien que trabajaba para la Asociación de Personas con Síndrome de Tourette, quien reconoció los síntomas de Sam inmediatamente. El niño fue transferido a un neuropsiquiatra quien pudo hacer el diagnóstico definitivo cuando Sam tenía seis años.

SÍNDROME DE ASPERGER

Éste es una forma ligera de autismo, algunas veces conocido como autismo de alto funcionamiento. A diferencia de un niño con autismo severo, que es totalmente incapaz de comunicarse, el niño con síndrome de Asperger es típicamente tímido, ampuloso en su discurso y comportamiento, le gustan las rutinas y se le dificulta entrar en empatía con la gente. Es posible que estos niños desarrollen intereses o pasatiempos obsesivos. Algunos niños con síndrome de Asperger son extremadamente inteligentes, pero pueden tener problemas para comunicarse con otros –tienen el síndrome del profesor que se queda con la mente en blanco. A estos niños se les puede ayudar pero con frecuencia tienen dificultades sociales y emocionales. Algunos niños con este síndrome también son hiperactivos, y ahora se cree que muchos niños con DDAH también tienen características del síndrome de Asperger. Puede resultar muy difícil manejar a estos niños, y con frecuencia se sienten a disgusto porque no se pueden llevar bien con otros niños.

Stuart es un niño muy precoz que empezó a hablar y leer muy pronto y se desempeñaba muy bien en la escuela además de que también le gustaba la música. Sin embargo, era muy tímido y no le gustaba ir a fiestas ni jugar con otros niños. Le disgustaban las vacaciones y los cambios de rutina. Físicamente era muy activo y nunca dormía, e incluso algunas veces solía molestarse mucho en la noche porque sabía que debería estar dormido, pero simplemente no podía conciliar el sueño. A medida que creció, siguió siendo un estudiante excepcional, pero tenía problemas para hacer amistades y no comprendía el comportamiento de otras personas, por lo que se confundía mucho cuando la gente se enojaba o molestaba con él. En la escuela era pésimo en deportes y en los juegos, era torpe y miope.

Ahora que los padres de Stuart son conscientes del problema están recibiendo ayuda adicional para enseñarle habilidades sociales. Pasan menos tiempo concentrándose en su trabajo escolar y en la música y lo estimulan para que pase más tiempo jugando con otros niños.

DISLEXIA

La dislexia es un trastorno específico del aprendizaje que afecta la habilidad de los niños para leer y escribir con fluidez. No tiene nada que ver con la inteligencia del niño y al igual que el DDAH es mucho más frecuente en los niños que en las niñas. Algunas veces los niños disléxicos pueden ser confundidos con niños que padecen DDAH porque tienen dificultades en el aprendizaje y, por lo tanto, en la escuela se aburren, están inquietos, no prestan atención y se sienten frustrados. Una vez que los niños han sido diagnosticados y reciben ayuda adicional con la lectura, estos problemas tienden a desaparecer.

Los niños con dislexia no tienen mayor ni menor probabilidad de padecer DDAH que otros niños. A menudo en algunas escuelas se da ayuda específica para los niños con dislexia. Al igual que en el DDAH, el padecimiento puede variar mucho en cuanto a la gravedad y muchos niños con un CI superior al promedio, cuya dislexia no sea profunda, podrá desempeñarse muy bien en la escuela con un poco de ayuda. Con frecuencia, los niños disléxicos son lentos para aprender a leer y escribir. Tienen dificultades para descifrar palabras que no conocen y tienden a cambiar de lugar letras y números cuando los escriben. Es posible que tengan dificultades para seguir las instrucciones porque tienen una memoria deficiente a corto plazo. Es probable que también tengan dificultad en diferenciar la derecha de la izquierda.

Con ayuda adicional, a la mayoría de los niños disléxicos se les puede enseñar a leer y escribir y a sobreponerse a sus dificultades. Es posible que necesiten desarrollar habilidades y técnicas especiales de estudio, tales como el "mapeo mental", para permitirles memorizar las cosas, y ayudarlos a planear y organizar, lo cual puede ser una diferencia significativa en cuanto a su éxito como estudiante.

DISPRAXIA

La dispraxia es una incapacidad o inmadurez de la organización del movimiento. También puede haber problemas asociados de lenguaje, percepción o pensamiento.

Los niños con dispraxia suelen ser torpes. Pueden mostrar dificultades para hacer planes o para organizarse; escribir les parece difícil o laborioso; son incapaces de recordar o seguir instrucciones y tienen mala coordinación. Son muy torpes para vestirse, malos para juegos de pelota, incapaces para hacer rompecabezas o copiar del pizarrón. Es posible que tengan un rango de atención deficiente y estén ansiosos y se distraigan con facilidad.

Los niños con DDAH también pueden mostrar algunos de estos síntomas y, algunas veces, es difícil estar seguro de un diagnóstico, especialmente tomando en cuenta que el niño puede mostrar algunos otros de los elementos antes señalados. En la mayoría de los casos, un diagnóstico oportuno puede significar una gran diferencia en la educación del niño y su desarrollo emocional.

Problemas familiares

Existen otras causas, que no son de naturaleza médica, del comportamiento hiperactivo o falta de atención en los niños. Algunas veces los problemas familiares y los traumas, como cuando se están divorciando los papás, así como la muerte de un pariente cercano, pueden provocar trastornos del comportamiento. Normalmente no se sabe que el abuso sexual en niños pueda desembocar en muchos síntomas similares a los de los niños con DDAH. Entre los signos comunes que presenta un niño que ha sido abusado sexualmente están la falta de habilidad para concentrarse, incapacidad para aprender en la escuela, pérdida de la autoestima y problemas para hacer amistades.

Ahora se sabe que el abuso sexual de niños es mucho más frecuente de lo que se creía hace una década o más. La mayor parte del abuso sexual es realizada por familiares cercanos, siendo los padrastros los abusadores más frecuentes.

Cualquier niño que ha sido abusado sexualmente necesitará terapia para ayudarlo a sobreponerse al trauma y permitirle desarrollar relaciones satisfactorias más adelante.

Puede ser difícil saber si el niño tiene DDAH a partir de una causa física subyacente o si los síntomas son el resultado de un trauma sufrido en la niñez.

Mark perdió a su madre a la edad de dos años, poco después de que nació su hermano menor. Estableció vínculos muy fuertes con su padre, pero dos años después su padre volvió a casarse y él y su nueva esposa tuvieron otros dos hijos. Mark era extremadamente difícil y tenía problemas de aprendizaje en la escuela. Mostraba todos los síntomas de DDAH, se mostraba muy inquieto, incapaz de concentrarse, algunas veces era agresivo, tenía problemas para dormir y en casa se comportaba de una manera en que llamaba la atención.

Como tenían cuatro niños pequeños que cuidar, los padres de Mark se desesperaron muy pronto. Sentían que el comportamiento destructor estaba afectando a toda la familia. Los llevaron con un psicólogo educativo quien diagnosticó DDAH. Sin embargo, ambos padres piensan en los eventos que tuvieron lugar cuando Mark era pequeño, y se sienten tristes por tener que dar medicina a su hijo.

Afortunadamente para los padres de Mark y otros padres con niños en problemas, existen otros medios de ayudarlos además del tratamiento médico convencional. Existe un gran número de terapias alternativas y complementarias que han ayudado a muchos padres y niños, además de que han eliminado o reducido muchos de los síntomas de DDAH. Estos tratamientos se estudian en el capítulo cuatro.

El aumento de DDAH

Un problema para los padres con niños hiperactivos es el hecho de que el número de niños que han sido diagnosticados con DDAH y han recibido tratamiento de medicamentos ha aumentado con impresionante velocidad en ambos lados del Atlántico. En cálculos recientes, uno de cada dieciocho niños en Estados Unidos ha sido diagnosticado como hiperactivo y la mitad de éstos están tomando medicamentos. La producción del principal medicamento utilizado para tratar DDAH se ha incrementado en 600 por ciento desde 1990, y en Gran Bretaña, por ejemplo, hay 90 000 recetas de este medicamento cada año a diferencia de las 2 000 que había hace seis años. ¿Por qué?

Ahora se está reconociendo una teoría en Estado Unidos y es que parte de este incremento en la hiperactividad es un cambio en las expectativas que tenemos de los niños en nuestra sociedad. Aquellas características adecuadas para los seres humanos en las sociedades recolectoras y cazadoras de antaño, tales como la velocidad, temeridad e impulsividad, en el mundo moderno son inútiles y hasta peligrosas. Los niños ya no pueden jugar en las calles debido al tránsito vehicular y otros peligros, y las escuelas han reducido su tiempo de recreo con el fin de impartir más lecciones. La tendencia a buscar una mejor enseñanza tanto en el Reino Unido como en Estados Unidos ha significado que los niños pasen más tiempo en sus pupitres, tratando de alcanzar las metas nacionales de aprendizaje para un niño de seis años.

El doctor Tony Pelligrino, quien está a cargo de una comisión internacional que examina los juegos en las escuelas, considera que el número de niños en Estados Unidos que han sido diagnosticados con hiperactividad es tan alto que debe estar ocurriendo algo más. Su investigación ha demostrado que el incremento en el tiempo de clases a costa del tiempo de juego no mejora los resultados académicos, sino que, de hecho, provoca los síntomas de DDAH. En una escuela de Atenas, Georgia, se midió el comportamiento de los niños antes y después de jugar. Se registraron diferentes patrones de comportamiento: por un lado, los niños miran su tarea o a la maestra y, por otro, zapatean, están inquietos, menean los pies, y están con la mirada perdida. A partir de estos resultados, era claro que cuanto más se mantenía a los niños en sus pupitres, más inquietud se presentaba.

"Cada maestro sabe que cuando está lloviendo y los niños no pueden jugar fuera, se convierten en monstruos en la tarde. Entonces todos tienen DDAH", dice el doctor Pelligrini. El hecho de que los niños con síntomas de DDAH sean castigados por hacer su tarea en forma lenta o deficiente en clase, se conserva en el tiempo de descanso en que los niños tienen que terminar su trabajo o no asistir a la clase de educación física, lo cual sólo empeora los síntomas.

La respuesta para niños con DDAH puede ser, por lo tanto, tener más actividad física, no menos. El Centro de Desarrollo Infantil de la Universidad de California es la única escuela en Estados Unidos que tiene un programa especial para niños con DDAH. Los niños hiperactivos ansían recibir estimulación, así que se las proporcionan por medio de juegos muy estructurados a través de los cuales los niños aprenden a tener las reacciones apropiadas hacia otros. En lugar de criticar a los niños, los premian por su buen comportamiento. Este tipo de escuela es cara y demandante, pero parece dar buenos resultados.

Puede ser que el incremento en DDAH se deba casi por completo a los cambios en nuestra sociedad, lo que significa que las personas hacen menos ejercicio físico y están más apegadas al escritorio, a la silla, a la computadora, y muchos interactúan menos con otros. Estos cambios pueden tener efectos especialmente dañinos en una minoría sustancial de niños, quienes anhelan ejercicio físico y formas específicas de estimulación.

Ayuda a tu hijo

TENER UN HIJO hiperactivo es una de las cosas más difíciles para cualquier padre. Ya es muy difícil ser un buen padre la mayor parte del tiempo, y muchas personas que se sentían competentes y seguros en sus vidas adultas de pronto descubren que no pueden satisfacer las demandas de un nuevo bebé. Si un bebé no se comporta como se supone que debe comportarse, inevitablemente los padres tienden a culparse a sí mismos, o se vuelven muy defensivos porque los demás los culpan a ellos por el hecho de que su hijo es ruidoso, no duerme y es irritable.

Con frecuencia la gente supone que el comportamiento de tu hijo es resultado de tu mala educación. De hecho, se trata de un ciclo complejo. Los padres que tienen un bebé tranquilo o un niño pequeño que duerme mucho descubrirán que es fácil armar rutinas, ser consecuentes, y encontrar momentos de tranquilidad para sentarse y jugar con su bebé o niño pequeño, y después de una buena noche de sueño se sentirán calmados y con la capacidad de enfrentar los nuevos retos del día que empieza. Es muy diferente el caso de los padres con un bebé difícil e hiperactivo.

A menudo están agotados y exhaustos por la falta de sueño; les cuesta mucho trabajo armar una rutina porque su hijo no entra naturalmente en una. No se queda quieto con facilidad ni juega tranquilo ni escucha nada, y los padres encuentran dificultades para ser consecuentes con su hijo porque están tan cansados que le permitirán salirse con la suya a cambio de unos minutos de tranquilidad.

La situación es aún más complicada si tu hijo hiperactivo no es el único en la familia. Con frecuencia, los padres se dividen para satisfacer las necesidades de todo mundo. Es cierto, los padres que tienen un hijo mayor normal antes del que padece DDAH tendrán menos pretexto para culparse de su incapacidad para educar a los hijos, pero también es cierto que tendrán menos tiempo, energía y recursos para lidiar con los problemas. Pueden pasar una gran cantidad de tiempo tratando de proteger a su otro hijo de su hijo hiperactivo y tal vez necesiten mantenerlos separados uno del otro.

Tal vez los padres se aíslen y se vuelvan solitarios si tienen un hijo hiperactivo. Pueden descubrir que otros padres evitan a su hijo y no los invitan después de la primera visita con un torbellino en forma de niño. Quizá sea difícil encontrar nanas o niñeras satisfactorias, porque estas personas pueden encontrar niños más fáciles de cuidar que el tuyo y por el mismo sueldo. Los niños hiperactivos pueden ser destructores y difíciles en los grupos de niños que gatean, en guarderías y grupos de juegos, incrementando con ello el aislamiento de los padres.

Susie tuvo esta experiencia con su hijo Ben:

"Ben era un niño difícil, llorón y con cólicos. Fui a un grupo de apoyo postnatal, y mientras los otros niños se alimentaban tranquilamente o estaban acostados haciendo sonidos con su boca, Ben se la pasaba gritando, por lo que tenía que levantarme a medio salón para cargarlo y tratar de calmarlo. Entonces, cuando ya gateaba, era todavía más difícil. Corría alrededor de las casas de la gente, vaciaba las cajas de juguetes, jalaba las cosas o, si estaba en el jardín, mutilaba todas las flores. Se aprovechaba de otros niños y los hacía llorar pues les arrojaba los juguetes. Cuando lo llevé a otro grupo su comportamiento fue tan horrible que tuve que estarlo sacando, lo cual lo hacía gritar durante el resto del día. Yo acostumbraba empujarlo hasta la casa gritándole y con lágrimas que corrían por mis mejillas.

"Por supuesto que era muy difícil para él o para mí hacer amistades. Cuando empezó a ir al jardín de niños, yo tenía la esperanza de que se calmara, y pensé que el personal capacitado sería mejor para controlar su comportamiento de lo que yo fui. De hecho, estas personas no sabían qué hacer con él tampoco. Fueron muy buenos en cuanto a tolerarlo e hicieron lo que pudieron, pero pude darme cuenta de que estaban exasperados. Fue uno de ellos quien, finalmente, me cuestionó si yo le había preguntado al doctor si mi hijo era hiperactivo."

Sin embargo, es importante que ayudes a tu hijo a socializar y a estar con otros niños para no estar aislado, pues esto sólo aumentará sus problemas. Puede ser útil encontrar a otros padres de niños con el mismo problema, así como encontrar actividades físicas que tu hijo pueda disfrutar y donde no sean evidentes sus diferencias con los demás niños. Además, hay muchas cosas prácticas que puedes hacer para ayudar a tu niño. Éstas incluyen la forma en que te organizas en casa, así como el estilo de vida y la dieta de tu hijo.

Dieta

Muchos padres sospechan que los problemas de su hijo se deben a una sensibilidad o alergia a sustancias en su dieta. La investigación en este aspecto todavía es asunto de controversia en la profesión médica, pero muchos padres descubren que una dieta apropiada ayuda de forma impresionante. La dieta mejor conocida para el tratamiento de la hiperactividad es la dieta Feingold, llamada así en honor a un doctor estadounidense que promovió ampliamente esta dieta como tratamiento para la hiperactividad en la década de los setenta. La dieta Feingold incluye la eliminación de todos aquellos alimentos que contienen colorantes artificiales, conservadores y salicilatos, pues estas sustancias químicas naturales se encuentran en muchas frutas como manzanas, plátanos, uvas, ciruelas, ruibarbo y fresas.

Feingold pensaba que los niños hiperactivos podían tener un trastorno biológico heredado, lo cual significaba que estas sustancias eran venenosas para ellos. Una posible explicación es el hecho de que los salicilatos bloquean la producción que hace el cuerpo de prostaglandinas, las cuales controlan muchos procesos físicos en el cuerpo. Las prostaglandinas son un grupo de fluidos de grasas no saturadas que se encuentran a lo largo de los tejidos y fluidos corporales. Funcionan como hormonas y tienen muchas acciones diferentes, incluyendo la constricción y ensanchamiento de las arterias, estimulando el dolor en las terminales nerviosas, así como la promoción o inhibición de la coagulación de la sangre. Se localizan en las reacciones alérgicas y en algunos medicamentos contra el dolor y antiinflamatorios que bloquean la secreción de prostaglandinas desde el tejido lastimado.

Se han llevado a cabo pruebas científicas para tratar de eva-luar el impacto de la dieta de Feingold y algunas otras que me-joran la hiperactividad. Científicamente, el problema es que hay un gran componente que trabaja cuando se usan medica-mentos o dietas; esto es, si el doctor que está recetando la die-ta piensa que funcionará, o si la mamá que prepara la dieta piensa que funcionará, existen más probabilidades de que fun-cione. De modo que se tiene que diseñar un sistema en el que ni el doctor ni la mamá sepan qué dieta se le dio al niño. La mamá preparaba de antemano la comida y no le decía al in-vestigador lo que contenían los platillos.

El resultado de estas pruebas fue que no sólo un pequeño número de niños parecían genuinamente estar respondiendo en forma adversa a las sustancias de la dieta. Con frecuencia és-tas son componentes simples de una dieta normal con leche de vaca, trigo, jugos de fruta y huevos. Parecía haber poca evi-dencia de que la dieta Feingold funcionara en todos pero, sin embargo, en un pequeño número de casos, hay muchas perso-nas que la siguen. Un mejor acercamiento puede ser observar las alergias individuales hacia ciertos alimentos o intolerancias en tu hijo, y después se eliminan estos alimentos. Por ejemplo, el sólo hecho de eliminar los aditivos de alimentos puede ser suficiente para aliviar los síntomas del niño.

LA DIETA FEINGOLD

En la dieta Feingold también se deben evitar todos los co-lorantes y saborizantes artificiales, así como endulzantes ar-tificiales como la sacarina, el aspartame y los ciclamatos y eliminar los alimentos que contengan salicilatos, tales como:

* fruta seca
* frutas como la fresa
* naranjas
* duraznos
* piñas
* aceitunas
* almendras
* pimientas
* salsa Worcestershire

* pepinos
* pepinillos
* salsa de tomate
* té
* endibias
* uvas
* orozuz
* miel

Asimismo, los salicilatos se pueden encontrar en compuestos que contienen aspirina (los niños con menos de cinco años no deberán tomar aspirinas porque existe el peligro de que contraigan la enfermedad de Reye), también las medicinas con colores artificiales deberán evitarse.

ADITIVOS EN LOS ALIMENTOS

Los aditivos en los alimentos se enlistan como números 'E'. No todos los números 'E' son dañinos; por ejemplo, el E160 es el caroteno, un colorante natural que está presente en las zanahorias.

Los grupos de aditivos que se cree que agravan la hiperactividad particularmente son los salicilatos, las tinturas *azo* y los conservadores a base de benzoato. Existen doce tinturas *azo*, y entre las más comunes están:

* *E102 – tartrazine (amarillo)*
* *E104 – quinoline (amarillo)*
* *E107 – amarillo 2G*
* *E111 – sunset amarillo*
* *E123 – amaranth (rojo)*

✳ *E124 – ponceau 4R (verde)*
Otros son E122, E128, E151, E154, E155 y E180.

Existen diez conservadores a base de benzoato y abarcan de los números E210 a E219. El E249 es nitrito de potasio que se usa como conservador y el E250 y E251 que son nitrito de sodio y nitrato de sodio respectivamente, también usados como conservadores. El E320 y E321, hidroxianisole de butilato e hidroxitolueno de butilato, también deberán ser evitados, así como el glutamato de monosodio como saborizante artificial, o sea E621. El E622 es el glutamato de monopotasio y el E 623 es el glutamato de calcio, utilizados como saborizantes.

ALEGRÍAS E INTOLERANCIA A LOS ALIMENTOS

Las alergias a alimentos específicos pueden ser la causa del comportamiento hiperactivo en algunos niños. Hay que distinguir entre la alergia y la intolerancia a los alimentos. El término "alergia a los alimentos" normalmente se usa cuando tu hijo tiene una reacción obvia o muy fuerte a comer un alimento, lo cual se presenta muy pronto después de que lo ha tomado o tocado; por ejemplo, que le salgan ronchas alrededor de la boca o, también, sentirse enfermo o tener una respuesta más grave como un ataque anafiláctico. El término "intolerancia a los alimentos" se usa cuando la reacción a un alimento es menos notorio, y puede presentarse algunas horas o incluso algunos días después de que se ha consumido ese alimento, de modo que, muy a menudo, está oculta. La mayoría de las alergias ocultas debidas a los alimentos incluyen alimentos básicos que tu hijo consume cada día, tales como trigo y productos lácteos. Con una alergia oculta debido a los alimentos, tu hijo desarrolla una tolerancia a los alimentos y hasta lo pide. Si se retira ese alimento y después se vuelve a introducir en la dieta, cuatro o cinco días después se puede notar una reacción alérgica.

Durante mucho tiempo, el ambiente médico fue escéptico en relación con la intolerancia a los alimentos, pero ahora ésta se ha aceptado y se sabe que provoca síntomas como eczema y asma, dolores de cabeza y migrañas, problemas digestivos, fatiga crónica, irritabilidad e hiperactividad.

Si sospechas que existe una alergia a los alimentos, puede ser útil que se le hagan a tu hijo pruebas de alergia. Esto se puede hacer con "parches de pruebas", los cuales contienen los alergenos potenciales que penetran en el área de la piel, por lo general en el dorso del brazo. Cada parche está cubierto con una capa para un periodo de 24 a 48 horas y después se examina la piel. Si hay una reacción en la piel, se sospecha que hay alergia. Sin embargo, estas pruebas no siempre son totalmente confiables. Otra prueba para detectar alergias es la prueba de hacer una punción en la piel. Se hace una solución que contenga pequeñas cantidades del alergeno potencial, el cual se introduce en la piel punzándola con una aguja esterilizada. Si el niño es alérgico a la sustancia en cuestión, habrá una ligera ampolla quince minutos después. Debido a que la mayoría de los niños temen a las agujas, se prefiere la prueba del parche. Asimismo, se puede usar la kinesiología como una prueba de diagnóstico para alergias. Se colocan las muestras de los posibles alergenos uno por uno en el cuerpo, entonces el encargado de la prueba, ejerce una presión suave en el brazo, si la persona puede resistir la presión, entonces no es alérgica; pero si los músculos del brazo se debilitan, éste es un signo de la respuesta alérgica.

Otra forma de hacer pruebas para detectar alergias es a través de una dieta de exclusión o eliminación. Esto es muy difícil de lograr con un niño pequeño. La clásica dieta de eliminación requiere hacer un ayuno de cuatro días, tomando pura agua mineral. Puesto que esto no es factible con niños pequeños, en este caso se les dan tres alimentos que casi nunca provocan reacciones alérgicas: carnero, peras y arroz. Se introducen otros alimentos uno por uno para ver si provocan una reacción. Puede tomar alrededor de una semana de suministrar cantidades más grandes de los alergenos potenciales el ver una respuesta, y es necesario repetir esto con diferentes alimentos. Puede tomar semanas descubrir qué alimentos son responsables de la hiperactividad de tu hijo, si éste es el caso.

Otra técnica es la dieta de rotación. Aquí, los alimentos sospechosos se suminstran por un mínimo de cuatro días, aunque cinco son mejor. Se da de comer un tipo de carne diferente cada día, una fruta distinta, una bebida variada y así sucesivamente. Debes registrar todo, de modo que si se presenta una reacción puedas saber qué alimento la provocó. Para saber qué alimentos están involucrados, evita platillos complicados o ya preparados, los cuales contienen muchos ingredientes.

Aunque probar una dieta de eliminación o de rotación puede ser difícil, los resultados de seguirlas al pie de la letra pueden valer la pena. No obstante, es buena idea consultar con un doctor o dietista antes de que tu hijo haga una dieta muy restringida, para asegurarte de que tu hijo obtendrá la cantidad suficiente de los elementos que necesita.

Algunos médicos son escépticos en cuanto al sistema de alergias a los alimentos. Sin embargo, la investigación realizada en

Inglaterra y en Australia ha demostrado un vínculo definitivo entre los patrones de mucha actividad en el comportamiento de los niños y su dieta. En un estudio realizado en 1983, 93 por ciento de los 88 niños que participaron mostraron mejorías en sus migrañas después de seguir una dieta de eliminación. También habían desaparecido los síntomas asociados como dolores de barriguita, eczema y asma, así como trastornos del comportamiento

Los mismos investigadores también quedaron impresionados con los resultados que obtuvieron de una selección de 76 niños hiperactivos para un estudio profundo después de ponerlos bajo una dieta muy estricta. Esta dieta consistía de carnero, pollo, papas, arroz, peras, manzanas, agua y suplementos de calcio y vitaminas. De éstos, 62 mejoraron y en 21 se logró un rango normal de comportamiento. También mejoraron otros síntomas como los dolores de barriga y de cabeza. De los 62 niños que mejoraron, 28 fueron seleccionados para hacer otras pruebas con el fin de identificar los alimentos que los afectaban y se detectaron un total de 48 alimentos, de entre ellos los más dañinos fueron los colorantes artificiales y los conservadores, aunque ningún niño reaccionó a éstos solos. Los alimentos más comunes en los que se encontraron colorantes artificiales fueron, en orden, la leche de vaca, el chocolate, las uvas, el trigo, las naranjas, el queso, los huevos y los cacahuates.

Este estudio refuerza el punto de vista de que los alergenos más comunes en la dieta moderna parecen ser la leche de vaca y otros productos lácteos, los jitomates y las frutas cítricas, los alimentos que contienen levadura y el trigo. Evitar todo esto te dificultaría darle a tu hijo la nutrición adecuada, pero por fortuna muy pocos niños son alérgicos o intolerantes a todos ellos. Si parece que tu hijo es alérgico o intolerante a una gran variedad de alimentos, puede ser necesario seguir el consejo de un dietista para planear una dieta balanceada.

Aunque una dieta restringida puede ayudar a tu hijo hiperactivo, es también muy importante no ser tan obsesivo con relación a los alimentos con un niño pequeño. Los niños necesitan una gran variedad de nutrientes para tener una dieta saludable y un régimen alimenticio muy estricto puede resultar monótono. Si vas a probar la dieta de exclusión o de eliminación necesitas en serio la ayuda de un médico, dietista o terapeuta alternativo que elabore el menú que satisfaga los requerimientos dietéticos de tu hijo.

UNA DIETA SALUDABLE

Por lo tanto, el mensaje es claro: la comida chatarra está fuera de moda, pero la comida saludable está de moda. Si tu hijo es hiperactivo, te puede ser útil que compres alimentos frescos y, en particular, prueba los alimentos orgánicos que no tienen pesticidas ni fungicidas. También es de gran ayuda si la familia adopta esta dieta saludable de modo que el niño hiperactivo no sea visto como que come "alimentos especiales", y todos saldrán beneficiados.

HIPOGLICEMIA E HIPERACTIVIDAD

Se requiere de un suministro constante de glucosa para proporcionar la energía para las células que conforman el cuerpo. El cuerpo mantiene estable el nivel de glucosa con dos sustancias, la insulina y el glucagon. Éste último segrega glucosa desde el hígado donde se almacena como glucógeno, y la insulina saca la glucosa del torrente sanguíneo y la transforma en glucógeno para que se almacene.

La hipoglicemia es el resultado de que los niveles de glucosa en el cuerpo descienden por debajo del nivel requerido. La hipoglicemia es cada vez más común debido, en parte, al hábito occidental de comer alimentos demasiado dulces y almidonadas. Cuando se introducen grandes cantidades de glucosa en el torrente sanguíneo, como respuesta se segregan grandes cantidades de insulina y, por lo tanto, se elimina demasiada glucosa de la sangre. Como respuesta a este descenso de los niveles de glucosa en la sangre, se segrega adrenalina, provocando que la persona se vuelva agresiva, sudorosa, pálida y temblorosa y tenga grandes dificultades para concentrarse, síntomas similares a los de la hiperactividad.

La mejor forma de lidiar con este problema es tener una dieta que ayude a segregar lentamente azúcares en la sangre. Esto significa una dieta saludable con una mezcla de alimentos ricos en proteína, verduras frescas, panes integrales y granos. Es importante recordar que los niños necesitan grasas y carbohidratos para satisfacer sus altos requerimientos de energía. Está muy bien comer éstos junto con otros alimentos cuya digestión sea más lenta.

Los alimentos pueden medirse de acuerdo con su índice glucámico en una escala de 0 a 100, donde la glucosa pura alcanza el 100. El índice glicámico muestra con qué velocidad los alimentos incrementan el nivel de azúcar en la sangre. El índice revela algunos datos interesantes: algunos cereales para el desayuno que contienen azúcar, el pan blanco, las papas y el arroz blanco son absorbidos con ligereza y elevan los niveles de azúcar en la sangre muy rápidamente. Los alimentos "saludables" que tu hijo debería comer con aquellos que se encuentran entre el G1 al 50 o menos. La tabla que se muestra a continuación enlista algunos de los alimentos más comunes y su índice de contenido de glucosa:

ALIMENTOS	ÍNDICE GLICÁMICO
Papa horneada	85
Arroz blanco	76
Pan blanco	70
Barra de granola	61
Arroz integral	58
Frijoles cocidos	48
Avena cocida con leche	42
Manzana	36
Yoghurt (natural)	33
Lentejas	29
Leche	27

COMER POCO Y CON FRECUENCIA

Los pacientes de DDAH parecen sentirse mejor cuando comen poco y lo hacen con más frecuencia, pues muchos, cuando tienen hambre, se sienten más hiperactivos y con falta de concentración. Incluso un niño normal se volverá chillón, berrinchudo y con mala concentración cuando tiene hambre. Comer poco y con frecuencia ayuda a mantener constante el nivel de azúcar en la sangre y también significa que el niño no está sobrecargado con un solo tipo de alimento. Los niños hiperactivos deberían comer refrigerios pequeños, ricos en proteína y evitar los alimentos azucarados. Los tentempiés saludables como las barras de granola con un bajo contenido de azúcar, o sin ella, y los sandwiches son mucho mejor que las galletas y pastelillos. Un buen desayuno que contenga un cereal rico en fibra con leche, o avena cocida con leche o yoghurt y pan tostado integral, es de gran ayuda, y también es importante darle a tu hijo un tentempié saludable para después de la escuela especialmente si participa en alguna actividad deportiva en la que quemará calorías. Otra vez, el tentempié no deberá ser azucarado.

Algunas veces los almuerzos escolares no son muy saludables. Si tu hijo es hiperactivo, puede ser útil cambiar a un almuerzo que tú empaques para que puedas controlar lo que come. En la escuela, es posible que tu hijo esté comiendo una dieta alta en carbohidratos y azúcares, lo habitual es puré de papas o papitas fritas, pizza hecha con harina blanca, pan blanco, y pastelillos azucarados y llenos de almidón, para terminar. Un almuerzo mucho más saludable serían los emparedados de harina integral, palitos de zanahoria o pepino, barras de granola sin azúcar, o con bajo contenido de azúcar, un yoghurt y fruta fresca, que le dará energía a tu hijo durante mucho más tiempo.

Dale de cenar temprano a tu hijo (entre las 5:30 p.m. o 6 p.m.) además de un tentempié a la hora de acostarse, en lugar de esperar hasta que tú o tu pareja lleguen del trabajo a las 7 de la noche o, incluso, más tarde, para cenar juntos.

MANTENER LA PROPORCIÓN

Es importante resistir la tentación de ser sobreprotectora de tu hijo si es hiperactivo, por lo que deberás permitirle hacer lo que hacen los demás niños siempre que sea posible. Las restricciones dietéticas pueden tener consecuencias negativas para tu hijo, puesto que la comida en nuestra cultura es un símbolo de otras cosas: es vista por los niños como una forma en que los padres muestran su amor por ellos. Quizá tu hijo esté tratando intensamente de ser "bueno" y mejorar su comportamiento y tal vez no comprenda por qué está siendo "castigado" cuando tú no le das sus alimentos favoritos y confites que ve que reciben otros niños.

Del mismo modo, si tu hijo lleva comida que es "diferente" de la de otros niños, le puede crear dificultades sociales. Si un posible amigo le ofrece una barra de chocolate, buscando su amistad, y tu hijo la rechaza, el niño se sentirá desairado. Probablemente no comprenderá que este alimento en particular tiene un efecto negativo sobre tu hijo. Las restricciones en los alimentos pueden hacer que los eventos sociales, las comidas en la escuela, la visita a los amigos, así como las fiestas, se conviertan en una experiencia penosa. Tal vez tu hijo decline las invitaciones a ir a la casa de un amigo a cenar porque teme no ser capaz de comer lo que le sirvan, o tal vez esté renuente a invitar, a su vez, a su amigo y que vea lo que come en casa.

No siempre es fácil saber lo que ocurre fuera de casa o entre los niños. La mamá de un niño descubrió que su hijo estaba intercambiando, en el patio de la escuela, los pasteles hechos en casa por confites comprados. Puede ser muy difícil eliminar algunos alimentos de la dieta. Puedes eliminar las fuentes más evidentes de leche de vaca como la leche, el yoghurt, los helados, el queso y la mantequilla, pero no siempre se percata uno de que las margarinas contienen leche de vaca descremada o suero de leche, y que muchos panecillos, sopas y comida preempacadas contienen productos lácteos. Un dietista te puede dar una lista de alimentos "seguros", pero seguir una dieta que no contenga leche puede significar que tengas que comprar en supermercados judíos, en las tiendas de comida naturista así como en otros almacenes especializados.

Probablemente lo mejor sea flexibilizar las reglas habituales de vez en cuando, por ejemplo en las fiestas infantiles.

"Solíamos enviar a Thomas a las fiestas con una cajita en la que llevaba sus alimentos 'seguros'", recuerda su mamá. "Estábamos tratando de evitar los colorantes, los jitomates, las frutas cítricas y el chocolate, y también tenía prohibido la cola y otros refrescos. Cuando fui a recogerlo, descubrí que se había sentido bastante mal a lo largo de la fiesta, y se subió cuando llegó la hora del té. Nos dimos cuenta que tenía problemas sociales, y decidimos que algunas veces era mejor dejarlo disfrutar el momento y ser hiperactivo durante un día o dos, que hacerle sentir distinto de todos los demás niños y que no podía estar con ellos."

Otros problemas comúnmente asociados con la hiperactividad

SUEÑO

Desde el principio, un bebé llorón o irritable puede ser devastador para la vida de sus padres. Una noche tu bebé estará despierto hasta las 5 a.m. y después dormir profundamente hasta las 10 a.m. A la noche siguiente puede dormir en la tarde, y despertarse a la 1 a.m. y rehusarse a volver a dormir. Con un recién nacido no tiene caso luchar contra esto, así que acepta el caos y ponte al corriente durmiendo durante el día si puedes hacerlo. Sin embargo, a medida que crece tu bebé, puedes convencerlo de estar más despierto durante el día y, por lo tanto, que duerma mejor durante la noche.

Algunos padres descubren que los problemas en el sueño pueden resolverse llevándose a dormir al bebé con ellos, lo cual está bien si te funciona. No obstante, algunos niños hiperactivos duermen muy mal, se retuercen, se agitan y se despiertan con frecuencia durante la noche, dificultando el sueño para todos, si no es que haciéndolo imposible. Si éste es el caso, tal vez quieras probar algunas técnicas para dormir. Estas técnicas normalmente no funcionan bien antes de los seis a los nueve meses, pues tu hijo está muy pequeño para aprender.

Las formas en que puedes lograr mejores patrones de sueño son:

✳ *No dejes que el bebé o el niño duerma durante horas en el día. Si duerme durante una hora y media o dos horas, toma en cuenta que al final de la siesta estará despierto.*

✳ *Realiza salidas y muévete lo más que puedas durante el día. Los bebés y los niños hiperactivos están ansiosos de estimulación. No están contentos acostados en su cuna en la casa, pero no les importará andar de un lado para otro mirando pasar el mundo y yendo de un ambiente a otro.*

✳ *Haz una marcada diferencia entre el día y la noche. A la misma hora de la noche baña a tu bebé o a tu niño. Déjalo chapotear y cansarse antes de cambiarlo, alimentarlo y acostarlo. Asegúrate de que, si es un niño mayor, juegue o se ejercite antes de bañarlo y de contarle un cuento ya acostado.*

✳ *Si tu bebé o niño llora cuando lo acuestas, déjalo llorar. Parece que algunos niños necesitan llorar en la cama para descargar la tensión que han acumulado durante el día. Si el llanto persiste, regresa a intervalos de cinco, luego diez, más tarde quince minutos para asegurarle a tu bebé que ahí estás pero no lo levantes otra vez, y no lo lleves a la sala. Lo mismo funciona para un niño que quiere llamar la atención.*

✳ *Nunca lleves a la sala a tu bebé o niño y juegues con él con todas las luces encendidas a mitad de la noche. Sólo hazle saber que la noche es aburrida y que aunque esté despierto nada emocionante va a ocurrir.*

✳ *No empieces a usar técnicas para dormir hasta estar seguro de que puedes llevarlas a cabo. Si empiezas y después te rindes, le estás enseñando a tu hijo que si grita lo suficiente conseguirá lo que quiere.*

✳ *Si los patrones de sueño son realmente malos o pruebas estas técnicas y fracasas, busca ayuda en una clínica del sueño donde te ayudarán con técnicas para dormir.*

Cuando tu hijo tenga más edad, sigue la rutina para acostarlo. Asegúrate que haga suficiente ejercicio durante el día y temprano en la noche. Puede ser útil comprar un trampolín, una cuerda de saltar y otros juguetes energéticos que puedas usar dentro o fuera de la casa, o hazlo subir y bajar las escaleras para ver qué tan rápido puede hacerlo. Entonces déjalo que se bañe. Después de esto, procura un momento de calma con tu hijo, jugando tranquilamente, o mirando libros. Si su rango de atención es muy breve, haz que estas actividades sean breves también. No permitas a tu hijo salir de la cama y ponerse a correr; y mantén el horario acordado para ir a acostarse. Si la hora para acostarse que tú has fijado es realista, de modo que no esperes que duerma más de lo que necesita, no tendrás muchas dificultades.

Implanta una regla para cuando esté en su cuarto. Si no lo hace, busca ayuda en una clínica del sueño para reforzarla. La solución más sencilla es que cada vez que se levante de la cama y salga de su cuarto, levántalo para acostarlo otra vez. No le grites, no te enojes, no sonrías, no lo pongas a discusión. Sólo levántalo y regrésalo, una y otra vez, hasta que entienda el mensaje. Y en algún momento, lo hará.

Marca límites muy claros. Así te ahorrarás muchas discusiones y peleas. Sé amorosa pero firme, y tu hijo responderá. Con frecuencia los niños hiperactivos presionan y presionan los límites porque en realidad quieren que digas "no". Y seguirán presionando hasta que lo hagas.

Claire probó esta técnica con su hijo Dennis y dio buenos resultados:

"En la clínica del sueño me dijeron que si me apegaba al programa funcionaría en tres días. Yo no lo creí, pero con el nuevo bebé estaba yo completamente desesperada y habría probado cualquier cosa. La primera noche que Dennis se levantó, entró en nuestra recámara y empezó a saltar en la cama, yo sólo lo tomé y lo cargué hasta su cama. Mi esposo hizo lo mismo, y seguimos así durante la mitad de la noche. Llevé la cuenta y noté que lo había llevado a su cama 149 veces. Nos llevó casi toda la noche pero, al final, el niño se rindió y se fue a dormir a su cama.

"La segunda noche hizo lo mismo cerca de trece veces. Si lo hubiera hecho toda la noche no sé si yo habría podido soportarlo. Mi esposo y yo estuvimos bien despiertos y lo esperamos, pero Dennis no regresó. En cierto momento me levanté y fui a revisarlo, lo encontré bien dormido en su propia cama, y parecía un ángel.

"La tercera noche no se levantó para nada. A partir de este momento se mostraba más contento al ir a acostarse y no estaba tan cansado ni tan irritable en el día. Lo único que lamento es por qué no intentamos esto antes, en lugar de pasar meses sintiéndonos miserables por la falta de sueño."

El Dr. Eric Taylor, profesor de psicología infantil en el Hospital Maudsley en Londres, señala en su libro *Understanding Your Hyperactive Child*, que uno no debe suponer que los problemas de sueño del niño se deben a su hiperactividad. De hecho, muchos niños con hiperactividad severa duermen profundamente. Puede ser que los padres suponen que los problemas de sueño de su hijo son parte de su padecimiento y que, por lo tanto, es poco lo que pueden hacer, cuando de hecho el entrenamiento para dormir puede hacer maravillas.

Con niños mayores que están tomando medicamentos para la hiperactividad, el insomnio puede ser un problema, pues es un efecto colateral de las medicinas. Si éste es el caso, habla con tu doctor para ver si puede reducirse la dosis. Es posible que a algunos niños con este problema se les receten pastillas para dormir y algunas veces éstas pueden estar suministradas en una dosis equivocada o puede que no sean las adecuadas para el niño. De nuevo, en este caso hay que consultar al médico.

CANSANCIO

La falta de sueño puede ser responsable de que empeore la hiperactividad de tu hijo. Un problema es que parece que los niños duermen menos de lo que dormían antes. John Pierce, profesor de psicología infantil en la Universidad de Nottingham, dice que en realidad se ha hecho muy poca investigación en cuanto a la cantidad de sueño que los niños necesitan y obtienen, pero afirma que los niños en la actualidad duermen menos que los de la generación anterior. También siente que esto puede ser un factor de la hiperactividad: "Los principales síntomas en los niños de preescolar que no duermen lo suficiente son la irritabilidad, el comportamiento difícil y la hiperactividad durante el día. Sabemos que la hiperactividad es más un problema de lo que solía ser y pasa por la mente la posibilidad de que haya una conexión".

Por supuesto, podemos regresar a los días en que, como experto en niños, Winfred de Kok escribió su libro de gran éxito en ventas, *Tú y tu hijo*, publicado por primera vez en 1955: "Los niños que aceptan sin chistar que las seis de la tarde es la hora de acostarse son una gran bendición." Se esperaba que los niños menores de diez años se acostaran entre 6 p.m. y 7:30 p.m. y también se esperaba que durmieran una hora después de comer. Hoy en día, incluso los niños muy pequeños están normalmente despiertos hasta las 8 p.m. o 9 p.m. y algunos niños se acuestan a la misma hora que sus papás, es decir, alrededor de las 10 p.m. u 11 p.m. Con mucha frecuencia ven televisión, escuchan música, discuten y gritan con sus cansados y frustrados padres, dándose cuerda solitos en lugar de calmarse y prepararse para dormir.

Dilys Daws, asesora en psicología infantil en la Clínica Tavistock de Londres y autora de un libro sobre problemas del sueño titulado *Through the Night*, señala que el sueño es necesario para ayudar al niño a procesar sus experiencias. La falta de sueño suficiente provoca altos niveles de estrés. Puede afectar el sistema inmunológico e, inclusive, afectar el crecimiento de los niños pues las hormonas del crecimiento necesitan un periodo de sueño continuo para funcionar. El efecto de la falta de sueño es acumulativo, y si un niño tiene noches interrumpidas, las siestas durante el día no ayudarán aunque puede ser útil para ponerse al corriente después de acostarse tarde en la noche.

Ya sea que la hiperactividad pueda constituir un factor en la falta de sueño de tu hijo o no, aún así necesitas tratar de resolver el problema de sueño. Tu hijo necesita dormir por su propia salud, así como por la de la familia.

MOJAR LA CAMA

Por lo general, no se sabe que mojar la cama es algo muy frecuente en los niños con DDAH. Es otro aspecto importante para los padres exhaustos que han cambiado con regularidad todas las sábanas y ropa de cama, además de que puede dañar la autoestima del niño.

Mojar la cama se conoce con el término médico de *enuresis*. Un niño que nunca ha estado seco durante la noche se dice que sufre de *enuresis primaria*, en tanto que un niño que ha amanecido seco pero que después empieza a mojar la cama es considerado como con *enuresis secundaria*. La enuresis primaria es muy común en niños con DDAH: en una investigación se descubrió que de 1 822 niños diagnosticados con DDAH cerca del 48 por ciento había mojado o todavía mojaban la cama. La enuresis secundaria, por otro lado, no es más frecuente entre los niños con DDAH que en otros niños, y, por lo general, es provocada por enfermedad, ansiedad o estrés. Algunos estudios han demostrado que entre la población total, cerca del 17 por ciento de niños todavía mojaba la cama a la edad de cinco años, 7 por ciento a la de siete años, 5 por ciento a la edad de diez años y entre 1 y 2 por ciento de los adolescentes. Así que no debes preocuparte si tu hijo de cinco años de edad todavía moja la cama, porque existen muchas posibilidades de que muy pronto deje de hacerlo; en cambio si tu hijo tiene siete años de edad y moja la cama, deberías buscar ayuda médica. Sólo existe 50 por ciento de probabilidad de que un niño de ocho años de edad que moja la cama deje de hacerlo cuando llegue a los doce años.

La enuresis primaria no es culpa de tu hijo. Hay una predisposición genética, y lo mismo sucede con el DDAH; en otras palabras, el niño hereda la tendencia a mojar la cama. Al igual que con DDAH, la enuresis es mucho más común en los niños que en las niñas, y muestra un patrón similar en cuanto al factor hereditario, y es más probable que un niño moje la cama si su padre tuvo problemas similares. La enuresis primaria se presenta porque tu hijo es menos capaz de levantarse cuando la vejiga está llena y estar lo suficientemente despierto para ir al baño. Sin ayuda, muchos niños nunca aprenderían a permanecer secos durante la noche; sin embargo, con ayuda, este trastorno es curable casi por completo.

El mejor tratamiento es un sistema de alarma para la cama mojada, el cual se puede comprar o ser recetado por tu médico. La alarma ayuda a volver a enseñar al paciente a levantarse cuando siente llena la vejiga. En cuanto la sábana empieza a mojarse, la alarma se prende, despertando a tu hijo. Se ha comprobado que este método es efectivo hasta en 90 por ciento de los casos.

Otra técnica que puede usarse cuando el niño está logrando controlar su vejiga en la noche, es darle a beber mucho líquido a la hora de acostarse para reforzar su capacidad de retener la orina. Cuando se usa esta técnica además de la alarma, el porcentaje de casos exitosos se incrementa. También se ha descubierto que con los niños de más edad, ayuda ponerlos a cambiar las sábanas mojadas. El sistema de alarma ayudará a reducir el número de sábanas y colchones mojados, aunque tu hijo no tenga un completo control sobre su vejiga.

Hay algunos mal llamados tratamientos que nunca deberías usar. Éstos incluyen sistemas en los que se castiga, lo cual no funciona, y más bien disminuyen la autoestima de tu hijo, incrementando la vergüenza y la ansiedad que ya siente. Con frecuencia los niños que mojan la cama tienen miedo de quedarse a dormir en casas de amigos, o invitarlos a la suya, así como de ir a los paseos escolares y otras actividades relacionadas con dormir fuera de casa. Castigar a tu hijo sólo aumenta su malestar y empeora el problema. Nunca deberás levantar a un niño adormilado para ir al baño en la noche cuando han dejado los pañales. Esto ayuda a entrenar al niño a vaciar la vejiga y a orinar cuando no están plenamente conscientes y los puede hacer más proclives a mojar la cama. No deberás restringir el consumo de líquidos en tu hijo, con excepción, tal vez, justo antes de acostarse. Y, por supuesto, no deberás restringir el consumo total de líquidos durante el día. Por último, nunca deberás forzar a un niño mayor a usar pañales pues esto puede ser profundamente humillante e, incluso, puede provocar daño psicológico duradero.

La importancia de la rutina y los límites

Con frecuencia los niños hiperactivos funcionan mejor cuando tienen una rutina que pueden seguir y cuando conocen los límites. Trata de que haya muchas posibilidades para jugar y tener actividad física durante el día, tal vez con breves descansos entre una y otra actividad, con actividades más tranquilas, de modo que "puedan sacar el vapor". Los niños hiperactivos tienden a ser muy caóticos, y también pueden ser muy demandantes, de modo que sus padres tienden a "dejarlos hacer" y a permitir que los niños se salgan con la suya debido a que puede ser muy pesado el esfuerzo de tratar de crear una rutina. Sin embargo, esto puede empeorar las cosas para todo mundo a largo plazo.

Los niños con DDAH necesitan un ambiente más estructura-
do en la escuela así como en los ambientes del grupo. Steve
Biddulph, autor del popular libro *Raising Boys*, señala que en
cualquier grupo de niños hay tres cosas que deben saber:

* ✳ *¿Quién manda?*
* ✳ *¿Cuáles son las reglas?*
* ✳ *¿Se reforzarán las reglas?*

Esto se aplica a todos los niños, y principalmente a aquellos
con DDAH.

Asimismo, el libro de Steve Biddulph tiene una maravillosa
anécdota sobre un niño que ha sido diagnosticado con DDAH.
Cuando se enteró de esto, el padre del niño pensó que "déficit
de atención" quería decir que el niño no estaba recibiendo suficiente atención. Entonces, hizo un gran esfuerzo para involu-
crar a su hijo en actividades y dedicó más tiempo a jugar y
platicar con él, y el comportamiento del niño mejoró impresio-
nantemente. Así que si se le da a un niño con DDAH el tipo de
atención requerida será de gran beneficio. La atención necesita ser dirigida a recompensar el buen comportamiento de tu
hijo y mostrarle amor y afecto, así como ayudarle a seguir las
reglas.

Crear una estructura en la casa

Cuando los padres establecen y refuerzan unas cuantas reglas y
mantienen un sistema de recompensas congruentes para sus hijos cuando se portan bien, los niños con DDAH pueden aprender más rápidamente en qué consiste un comportamiento

adecuado. Deberás establecer cuáles son las reglas importantes de la casa, y que habrá consecuencias inmediatas si éstas se rompen. Procura que las reglas sean mínimas y exprésalas en términos de lo que tu hijo debería hacer, en lugar de poner lo que no debería hacer. Échale porras a tu hijo y recompénsalo por su buen comportamiento.

Mantén tu casa lo más organizada posible: los zapatos de tu hijo en el mismo lugar, su ropa, útiles escolares y equipo de natación para que sepa dónde encontrarlos. Trata de mantener la misma secuencia y rutina del día de modo que tu hijo sepa dónde está y qué puede esperar. Muchas veces las vacaciones pueden provocar problemas porque cambia la rutina, de modo que ten esto en cuenta cuando planees un viaje.

Ubica un lugar específico en el cual tu hijo pueda tener "tiempo fuera" cuando su comportamiento esté fuera de control. Éste no deberá verse como un lugar de castigo sino más bien como un lugar para calmarse. Cuando tu hijo es pequeño, por lo general será necesario que lo lleves a ese lugar y hacer que se quede ahí; cuando es mayor, decirle que vaya a aquel lugar será suficiente. Con el tiempo podrá desarrollar un suficiente autocontrol para ir ahí sin que se lo pidas. Deberás hacer que éste sea un lugar agradable, tal vez un cuarto tranquilo lleno de cojines con libros interesantes en un rincón, pero deberá ser un lugar donde el niño no interfiera con otras personas.

Para un niño mayor, prepara un lugar sin distracciones en el que pueda hacer sus tareas y no le permitas que haga su trabajo escolar cerca de la televisión o del radio. Procura que el resto de las distracciones sea mínimo en el momento en que quieras que tu hijo trabaje en algo; por ejemplo, no permitas que las visitas o los familiares hagan actividades ruidosas en ese momento.

Habla con tu hijo

Los niños con DDAH no prestan atención, y mucho de lo que digas le entrará por un oído y le saldrá por el otro. Cuando quieras la atención de tu hijo, es útil ponerse a su nivel. Tal vez tengas que reprimirlo, poniendo tu mano sobre su brazo o sobre su hombro o abrazándolo suavemente. Cuando hables, hazlo claramente, y asegúrate que él esté escuchando. Pídele que te mire a los ojos. En caso de que sea necesario, repítele lo que le has dicho, y pídele que repita lo que le acabas de decir, para asegurarte de que te ha comprendido.

Cuando le des instrucciones a tu hijo, recuerda dárselas en el mismo orden en que esperas que realice las cosas. Sé muy literal en cuanto a las cosas y utiliza gestos siempre que puedas cuando le expliques algo a tu hijo. Es posible que el niño con DDAH necesite estimulación continua. Esto no es "ser insistente", simplemente tu hijo no puede recordar las cosas como lo hacen los demás niños.

Protege tu hogar

Un niño hiperactivo puede provocar mucho daño en una casa normal. Es importante adaptar tu casa lo más posible para reducir el daño y también para que no necesites estar detrás de tu hijo constantemente para que no toque o haga cosas que no debe. Desde que tu hijo gatea debes quitar de su alcance todos los objetos que se puedan romper y tomar todas las precauciones en la cocina, además necesitas eliminar cuanto peligro haya en la casa si tu hijo es hiperactivo.

Los niños hiperactivos son muy impulsivos y no se detienen a pensar en las consecuencias de alguna acción. Asegúrate de que las sustancias químicas y otros implementos para el hogar, así como venenos, estén bajo llave. Atornilla los estantes en la pared para que no se le vengan encima y coloca los adornos y los cuadros enmarcados con vidrio fuera de su alcance. Asegúrate que no haya cables eléctricos en el camino que tu hijo pueda jalar, también debes evitar que esté en contacto de tus cosméticos y artículos de baño. Si a tu hijo le gustan las actividades como brincar en las camas y sofás, asegúrate de que no corra peligro. Si tienes un sofá muy caro y no quieres que tu hijo lo use para brincar, busca otra alternativa como un viejo colchón o un pequeño trampolín para el interior de la casa.

Los niños agresivos

Algunos niños hiperactivos son más agresivos de lo normal. Algunos simplemente alarman a otros niños corriendo alrededor de ellos y haciendo mucho ruido, algunos pueden lastimar accidentalmente a otros niños en estas situaciones, pero algunos más son realmente agresivos. Muchos niños hiperactivos tienen problemas para compartir sus juguetes y esperar su turno en diversas actividades, lo cual puede ser considerado como una forma de agresión.

Lo mejor que puedes hacer en estos casos es actuar tan pronto como tu hijo empiece a ser agresivo. Si está peleando con otros niños, dile "no" en forma tranquila, y sácalo del cuarto. Explícale que no es aceptable golpear a la gente y que si lo hace otra vez no podrá ver televisión ni tomar su leche con pastel o cualquier otra cosa que le guste. Algunas veces la agresión se presenta porque el niño carece de las habilidades sociales para explicarle a los demás qué es lo que quiere. Así que si le arrebata un juguete a otro niño, dile que le debe pedir el juguete al niño. Trata de demostrarle con tu ejemplo cómo se hacen las cosas. Siempre trata de resistir la fuerte tentación de golpear a tu hijo por ser agresivo. Un niño pequeño no puede comprender por qué está bien que tú lo golpees y por qué él no puede golpear a otros, pues los niños tienden a copiar lo que haces más que lo que dices.

Algunos niños son agresivos y difíciles en situaciones como cuando juegan en grupo. De nuevo, utiliza el método de "tiempo fuera" hasta que se calme. Muéstrale consistentemente y repetidas veces que la agresión no lo lleva a nada bueno.

Otros niños en la familia

Un niño hiperactivo en la familia puede provocar que haya una gran cantidad de molestias para los demás niños. Puede parecer como si el niño hiperactivo tuviera toda la atención de los padres. Puede interrumpir los juegos de los otros niños, romper sus juguetes, dañar sus relaciones con sus amigos y, en general, hacer ruido y crear caos en el hogar.

Con frecuencia, un niño hiperactivo en la familia puede hacer que otros niños también se porten mal. Los demás niños ven que su hermano hiperactivo se sale con la suya y no ven por qué ellos no podrían hacerlo. Debido a esto es importante tratar de resistir la tentación de decir "no puede evitarlo, es hiperactivo" todo el tiempo. Trata de seguir las mismas reglas para todos siempre que sea posible.

Aunque puedes considerar al DDAH como una desventaja, es posible que otros niños en tu familia sientan envidia de su hermano hiperactivo, sintiendo que él es "especial" porque come alimentos especiales, visitas especiales con el doctor o con el psicólogo infantil y recibe excepciones especiales. Los niños siempre están a la caza de señales de que uno de ellos está recibiendo más amor y afecto que los demás, y es la razón de que los niños protesten si piensan que uno de sus hermanos recibe una rebanada más grande del pastel. Realmente ayuda si puedes tratar a toda la familia de la misma manera. Si el niño hiperactivo está siguiendo una dieta especial, trata de cocinar los mismos alimentos para toda la familia. Si esto no es posible, busca alimentos sustitutos, como un helado sin leche, y sírvelo como si nada.

Puede ser útil asegurarte de pasar tiempo con tus otros hijos y concentrarse en actividades que disfrutan y que no incluyen a su hermano. Tal vez durante los fines de semana tú y tu pareja, o con una amiga, pueden tomar turnos para cuidar al niño hiperactivo mientras pasas tiempo con los otros. Esto beneficiará a todos.

Si nuestros hijos son mayores, puede ser tentador darles responsabilidades relacionadas con la vigilancia del hermano hiperactivo para que te ayude con él. Trata de ya no hacer esto más que en determinadas circunstancias. Tal vez te sientas tentado a darles más responsabilidades de las que pueden tener a su edad, pero si algo les sale mal se sentirán terriblemente mal.

Algunas veces, los niños mayores se sentirán avergonzados al invitar a sus amigos a la casa porque no quieren que vean cómo es su hermano, o porque sienten que echará a perder sus juegos. Tal vez puedas arreglar algo especial para que se entretenga tu hijo hiperactivo en estas ocasiones, sin dejarlo fuera completamente. Trata de no estigmatizarlo demasiado ni de exagerar la situación porque esto afectará su autoestima y su capacidad para socializar más adelante.

Sin embargo, no hay duda de que sin importar cuánto lo intentes, un niño con DDAH severo puede tener un efecto muy desafortunado en los otros miembros de la familia. Kim tiene cuatro niños: Daniel de 13 años, Christopher de 11, que es hiperactivo, Cally-Jane de 9 y Bronny de 4.

"Christopher es especialmente duro con su hermana, Cally-Jane. Él dice cosas que la lastiman todo el tiempo y siempre la golpea sin razón alguna. La niña más pequeña ha sido muy difícil y ha sido diagnosticada con DDAH. Ahora se ha integrado a un grupo de niños y se siente bien, así que creo que era como era por la situación en casa. Pienso que estaba perturbada por todos los gritos y el comportamiento desconcertante de Christopher."

Daniel, el mayor, también ha sufrido porque tiene que compartir su cuarto con Christopher. "Christopher no se acuesta sino hasta la media noche y Daniel está en la escuela secundaria, por lo que se tiene que levantar temprano en la mañana. Se siente muy frustrado cuando Christopher no lo deja dormir."

Christopher no fue diagnosticado sino hasta que tenía ocho años y medio, para cuando los últimos dos hijos de Kim ya habían nacido. Kim dice que no habría tenido más hijos si hubiera sabido antes del diagnóstico de su hijo.

"Creo que no es justo para ellos. Christopher es tan difícil, y no tengo tiempo para darles la atención que necesitan. Cuando Cally-Jane era una bebé sólo le daba de comer, la cambiaba, la ponía en la cuna y regresaba con Christopher. Bronny tenía que pasársela sin recibir toda la atención que ella necesitaba, por lo cual creo que ahora tiene los problemas que presenta."

Daniel y Cally-Jane escribieron sus sentimientos que surgen en ellos por tener un hermano hiperactivo.

DANIEL (13 años)

"Ser hermano de Chris no es algo fácil de vivir, pero tengo que hacerlo. Él es una mezcla de todo, una parte de él es tonta, inmadura y grosera; el otro lado de él es cariñoso, sensible, y sobre todo, talentoso.

"Chris no puede evitar ser como es, pero no facilita la convivencia. Toma Ritalin, lo cual hace salir su parte buena, y tiene un efecto grande y total sobre él. La mayor parte del tiempo me molesta estar cerca de él. Yo tengo trece años, así que me harto fácilmente de él, y algunas veces siento que todo el mundo se cierra sobre mí y que no hay salida.

"Chris siempre quiere tener la razón, aunqnue sepa que no la tiene. Pierdo el control con él y entonces tengo dificultades. Cuando sigue molestándome o dándome lata me dan ganas de lastimarlo, pero sé que no puedo hacerlo. Pero pienso que si Chris no fuera como es, entonces no sería Chris, ¿verdad?"

CALLY-JANE (9 años)

"Christopher es mi hermano mayor, él tiene DDAH. Está un poco chiflado y me tensa mucho. No le caen bien ninguno de mis amigos. Dice cosas que realmente me lastiman y nunca se quiere acostar. Cuando se sale con la suya pone la casa patas arriba. Me gusta cuando es amable porque casi nunca lo es, y siempre parece que me odia. Tengo que mantenerme lejos de él, pero esto es difícil porque Chris me sigue a donde voy. Cuando no puede dormir se sienta en las escaleras y se golpea contra la pared y grita."

Quizá lo más estimulante sea que, a pesar de todos los sentimientos negativos y dificultades de ser pariente de un niño hiperactivo, también hay sentimientos positivos. Por más que los niños critiquen a sus parientes dentro de la familia, harán lo que sea para protegerlos de las burlas de los demás niños o de cualquier amenaza externa. También habrá sentimientos de afecto y compañía. Es importante tratar de reafirmar esto lo más que se pueda y tratar de hacer la vida lo más normal posible para tus demás hijos.

Hacer amistades

Es de vital importancia que hagas todo lo posible para ayudar a tu hijo hiperactivo a hacer amistades. Si es difícil que la gente te haga visitas en tu casa, lleva a los niños a realizar actividades que requieran grandes cantidades de energía como salidas al parque o al patio, a la alberca, al trampolín o a saltar. Al principio, es posible que necesites restringir físicamente a tu hijo para que espere su turno en la resbaladilla, por ejemplo, y gradualmente puedes incrementar este tiempo para enseñarle a esperar.

Asegúrate de que si tu hijo muestra cualquier agresión, estés lista para rechazarla y apartarlo para dejarle claro que no puedes tolerar este comportamiento. Puede ser difícil que tu hijo sea invitado a la casa de otro niño antes de que sepan acerca de su hiperactividad. Es importante explicarles que tu hijo es hiperactivo y advertirles que puede ser físicamente tempestuoso. Con frecuencia puede ser de ayuda si estás ahí la primera vez que el niño vaya a algún lado para ver cuáles son las dificultades potenciales. Del mismo modo, si tiene un grupo de amigos tal vez necesites jugar con ellos al principio para mostrarle a tu hijo cómo debe comportarse y evitar así que los demás niños se sientan intimidados.

Más pronto o más tarde tendrás que dejar ir a tu hijo a algún lado solo. En algún momento tendrás que probarlo; y lo peor que puede pasar es que no lo vuelvan a invitar.

Contribuye a la autoestima de tu hijo

Uno de los principales problemas del niño hiperactivo es que tienden a desarrollar una autoestima muy baja. En casa, con frecuencia reciben críticas y gritos, descubren que no les caen bien a los demás niños; se les regaña en la escuela y, muy a menudo, obtienen bajas calificaciones. Con frecuencia los niños hiperactivos no se dan cuenta de que tienen un problema pero dicen que las demás personas siempre les gritan, y que siempre se meten en dificultades. También pueden quejarse de que no pueden hacer sus tareas, que son muy difíciles o que les resulta aburrido.

A medida que crecen, si los problemas persisten, pueden empezar a quedarse sin cuerda, diciendo: "Soy un tonto en matemáticas, inglés, lectura". La escuela puede ser un problema constante para el niño con DDAH (véase el capítulo cinco).

Es importante encontrar la forma de aumentar la autoestima de tu hijo y romper este círculo vicioso de bajo rendimiento. Cuando tienes un hijo hiperactivo, siempre es fácil ver las cosas malas que él tiene y que criticamos constantemente. No es benéfico que un niño hiperactivo escuche todo el día frases como: "¡No hagas esto, no hagas aquello, alto, baja eso, eres muy ruidoso, nunca escuchas lo que digo!", pues esto disminuye su autoestima. Llega a creer todas estas cosas que se dicen de él y hace menos esfuerzo por cambiar. No importa cuán caótico y difícil sea tu hijo, hará algunas cosas que son positivas. Es muy importante identificar las veces en que tu hijo se porta bien y recompensarlo en lugar de estar criticándolo constantemente y castigarlo. Puede resultar difícil pero funciona de maravilla.

Tendemos a ignorar a los niños cuando se portan bien, y a tomarlos en cuenta cuando se portan mal, y esta reacción se exagera cuando se trata de un niño hiperactivo. Si tu hijo alguna vez pasa tiempo leyendo un libro, la tendencia es aprovecharse de estos preciosos momentos para que tú hagas algo. Cuando tu hijo no recibe retroalimentación, se siente ignorado y empieza a estar dando lata alocadamente, y empieza a arrojar las cosas al suelo. De pronto, regresas y le pones atención, aunque sea en forma negativa.

Trata de alabar a tu hijo y dale atención cuando haga algo que quieras estimular. Por ejemplo, lo puedes premiar cada vez que se siente y lea durante cinco minutos, o cuando se siente a la mesa y coma sin estar brincando de un lado para otro, o cuando juegue en forma armónica con los demás. A algunos padres no les gusta la idea de usar esta especie de sobornos, pero es una forma de darle retroalimentación positiva al niño, la cual muy pocas veces se le da a los niños hiperactivos.

Cuando tu hijo se porte mal, también deberás tratar de ignorar su actitud, en lugar de gritarle o de castigarlo. Obviamente esto no significa que deberías dejarlo que se vuelva completamente loco o que haga algo peligroso, pero con suavidad puedes sacarlo del cuarto, o salirte con él o, dependiendo de su edad, decirle que no quieres hablar con él durante unos minutos. Le puedes mostrar tu desaprobación muy enfáticamente al hacer esto. Es la misma teoría que cuando te enfrentas con los berrinches de niños normales. No les hagas caso y dejarán de hacerlo: en cuanto tu hijo deje de portarse mal, sigue como si nada hubiera pasado, aunque recompénsalo en caso de que se porte bien.

Es importante elegir el tipo adecuado de premio. No debe ser algo caro y darle dinero se parece demasiado a un soborno. Los niños muy pequeños estarán contentos con algo comestible, los niños mayores podrán "esperar" para recibir un premio más sustancioso. Algunos niños quedarán contentos con estrellas doradas, que puedes coleccionar y darle un premio más grande cuando haya juntado varias. Este premio podría ser rentar un video que quiera ver tu hijo o dejarle tiempo para hacer una actividad que disfrute. Debe ser algo que no lo canse, pues sería bueno que le dieras varios premios al día. Recuerda que lo más importante es alabar a tu hijo y señalarle lo que ha hecho bien.

Trata de pensar en forma más positiva para hablar con tu hijo. Si es físicamente torpe, como los son algunos niños hiperactivos, no se lo estés repitiendo. No le des largas listas de instrucciones como "sube y pon esto sobre tu cama y arregla tu recámara para que después hagas tu tarea", porque lo saturarás con información y habrá olvidado la segunda orden antes de haber terminado la primera. También evita las instrucciones vagas o generales como "recuerda que debes tener cuidado" porque tal vez el niño no entienda qué es tener cuidado.

Sobre todo, trata de encontrar un momento especial cada día en el que puedas estar "frente a frente" con tu hijo. Los niños con DDAH prosperan cuando tienen tu atención, y descubrirás que una vez que hagas el esfuerzo podrás disfrutar este tiempo con tu hijo y esto ayudará a formar un lazo entre ustedes.

"En cierto momento estaba tan desesperada con mi hijo que llegué a considerar la posibilidad de ponerlo en un lugar especializado", recuerda la madre de un niño hiperactivo. "Todo lo que intenté hacer era erróneo y parecía ser incapaz de lograr algo con él. Tener un hijo hiperactivo provocó problemas en mi matrimonio y con mis otros hijos, y eso era demasiado. Pero conseguimos ayuda y el mejor consejo que recibí fue que procurara pasar algún tiempo con él, solos, haciendo lo que él quisiera hacer. Cuando teníamos estos momentos, él se ponía contento y reía, y yo me di cuenta de que lo amaba. Eso era lo que necesitábamos."

Ayúdate tú misma

Si tienes un hijo hiperactivo, esto inevitablemente te estresará, lo mismo que a tu pareja y tu familia. Las demandas de un niño de este tipo pueden ocasionar problemas familiares, abriendo una zanja entre los padres y provocando dificultades con los abuelos y los suegros en cuanto a la forma de criar al niño. La falta de sueño hace irritables a ambos padres y más proclives a las discusiones. Puesto que habitualmente la madre es la principal encargada de cuidar al niño, puede estar tan exhausta y estresada para cuando llegue el padre a casa que ya no le quedará energía para él. Muchas madres no vuelven a trabajar porque temen que nadie más sea capaz de lidiar con las demandas de su hijo y que no le den los cuidados que necesita, y todo esto puede causar resentimiento.

Si estás teniendo problemas en tu relación debido a que tienes un hijo hiperactivo en la familia, busca ayuda lo más pronto. Una ruptura entre los padres es lo último que necesita tu hijo y puede sentirse culpable de haberla causado. La inseguridad provocada por padres infelices sólo empeorará su situación. Ustedes como padres, necesitan presentar un frente común ante su hijo, especialmente si estás tratando de crear buenas rutinas y que sea más disciplinado en la casa. Hay muchas organizaciones que ofrecen asesoría matrimonial y de pareja, o tal vez puedas pedirle consejo a tu doctor familiar.

Es mejor no dejar que la hiperactividad de tu hijo cambie completamente tu vida. Deberás tratar de pasar tiempo con tu pareja, quizá adquiriendo la costumbre de salir una noche a la semana. Deberás encontrar algún lugar para que cuiden a tu hijo durante el día, aunque sea durante periodos cortos. Si eres madre o padre soltero deberás tratar de descansar un poco de tu hijo, aunque sea sal alguna tarde con amigos o ve al cine de vez en cuando.

Hay muchas terapias disponibles que pueden ayudarte a aliviar el estrés si estás al cuidado de un niño hiperactivo. Con frecuencia, es posible que encuentres, cerca de tu casa, clases de yoga, relajación y otras de este tipo y algunas veces a precios módicos. También puedes tratar de hacer ejercicio en el gimnasio para mantenerte en forma, o puedes probar la aromaterapia, el masaje, la flotación o la meditación que también pueden ayudarte a aliviar el estrés y tranquilizarte. Incluso uno solo de estos tratamientos puede hacerte sentir como nueva y devolverte la paz y energía que necesitas para lidiar con las demandas diarias al cuidar a un niño hiperactivo.

3

Tratamiento médico

EL TRATAMIENTO médico habitual para el DDAH es una combinación de medicamentos y terapia conductual y cognitiva. Sin embargo, como con cualquier otra cosa que se puede hacer en estos casos, los médicos no están de acuerdo con las opciones de tratamiento, y el tratamiento a base de medicinas está en medio de la controversia.

En primer lugar, están aquellos que favorecen el suministro de medicamentos. Hay evidencia, a partir de algunos estudios, de que dar Ritalin solo, la medicina que se receta a pacientes con DDAH, es tan efectivo como en combinación con la terapia conductual, que ha llevado a algunos doctores a sugerir que ésta no tiene buenos resultados en el tratamiento de DDAH. Otros apoyan el tratamiento con terapia y se oponen al uso de medicamentos. Para apoyar sus argumentos, existen otros estudios que demuestran que las intervenciones conductuales en el salón de clases tiene un efecto tan bueno o mejores que los medicamentos estimulantes. Algunos expertos creen que en tanto las medicinas pueden ayudar a corto plazo, se necesita de algo más a largo plazo.

Algunas veces el miedo de que le receten medicamentos inhibe a los padres y se resisten a llevarlo al médico para tener un diagnóstico. Sin embargo, es mejor saber qué es lo que realmente ocurre con tu hijo; entonces podrás discutir acerca del tratamiento. El niño no recibirá tratamiento a base de medicinas sin el consentimiento de los padres.

Dónde solicitar ayuda

El primer lugar a donde debes acudir es a tu médico general. Él puede diagnosticar el problema o, lo que es más probable, canalizarte con un especialista, por lo general con el pediatra (un doctor en medicina especializado en la salud infantil) o un psiquiatra infantil (doctor en medicina que ha sido capacitado especialmente en enfermedades mentales tanto de adultos como de niños, pero se ha especializado en el tratamiento de niños).

Algunas veces, un psicólogo educativo diagnosticará a tu hijo primero en la escuela. Estos profesionales tienen capacitación tanto en psicología como en cuestiones educativas.

Hacer el diagnóstico

Con mucha frecuencia es un gran alivio para los padres descubrir que el trastorno de su hijo tiene un nombre así como sentir que pueden ayudar en su tratamiento.

Kim recuerda que lloró de alivio cuando su hijo Christopher fue diagnosticado a la edad de ocho años y medio. "Hasta entonces me sentía muy culpable. Se me había dicho que estos problemas de conducta se debían a una mala educación por parte de los padres, o que tenía que ver con problemas entre mi esposo y yo, o que se relacionaba con la depresión posparto que yo tuve cuando nació mi hijo. Ahora pienso que todos estos problemas fueron ocasionados por su comportamiento, y no al contrario. Me sentía culpable también porque todo este tiempo lo habíamos tratado como si fuera un niño indeseable. Yo no quería que se le dieran medicamentos, pero cuando empezó a tomar medicinas la diferencia fue notoria, y él se había convertido en un niño diferente."

Tratamiento con medicamentos

Una vez que se ha diagnosticado DDAH, por lo general el tratamiento será a base de medicamentos, a menos que los padres se opongan a ello, o que el DDAH sea leve. La medicina que se usa para tratar el DDAH son, curiosamente, drogas estimulantes relacionadas con las anfetaminas o el *speed*. Esto parece ir en contra del sentido común, pero muchos estudios han demostrado su efectividad. El tratamiento con drogas de este tipo parece ser la terapia más poderosa de que se dispone actualmente para niños con DDAH severo. Las drogas usadas son hidrocloruro de metilfenidato (Ritalin), dextroanfetamina (Dexedrine) o pemoline. De los niños tratados con estas drogas, 95 por ciento toman Ritalin. Se les enseña a trabajar estimulando partes del cerebro que no están funcionando al máximo en los niños con DDAH.

La anfetamina es muy similar en composición a algunos de los neurotransmisores tales como la dopamina y noradrenalina, las cuales se producen naturalmente en el cerebro. Es posible que los niños hiperactivos tengan una anormalidad en la forma de las moléculas "receptoras" que están en la superficie de las células nerviosas a las cuales se adhieren los transmisores, noradrenalina o dopamina, pero en este sentido se requiere realizar más investigación.

Estas drogas se han utilizado desde hace mucho tiempo. En 1937, en el *American Journal of Psychiatry*, un doctor de Estados Unidos, Charles Bradley, fue el primero en registrar los efectos de suministrar una anfetamina llamada *benzedrina* a los niños con hiperactividad. Descubrió que esta droga mejoraba mucho el comportamiento de sus pacientes así como su desempeño académico. Después de dos décadas de silencio, más investigación ha confirmado esto y la efectividad del Ritalin (hidrocloruro de metilfenidato) que se dio a la circulación comercial en 1957. De 1984 a 1994 se han realizado más de cuarenta y cinco pruebas controladas con placebo, haciendo del Ritalin la droga psicotrópica mejor investigada en el tratamiento para niños y, posiblemente, en toda la psiquiatría. Cada uno de estos estudios demostró que el Ritalin era efectivo para un amplio rango de problemas incluyendo déficit de atención, impulsividad, agresión, problemas relacionados con la comprensión, la aritmética, la lectura, la ortografía, la hiperactividad, la adquisición de información, resultados en el trabajo, funcionamiento cognitivo, memoria de corto plazo, y comportamiento relacionado con tareas específicas.

DOSIS

La dosis difiere de un niño a otro, pues puede haber una gran variación en la cantidad administrada y la efectividad de la droga para cada individuo. Si se tiene la dosis correcta con el Ritalin es una cuestión de prueba y error porque se han encontrado grandes discrepancias en los niveles de la droga en el flujo sanguíneo en niños que han tomado la misma dosis oral. Esto es porque algunos niños parecen ser capaces de metabolizar y asimilar la droga más rápido que otros. Esta velocidad con la que se absorbe a partir del intestino, también puede ser más lenta en algunos niños que en otros. La dosis diaria requiere que se trabaje de acuerdo con lo que parece funcionar con tu hijo en lugar de que se base en su edad y peso.

La mayoría de los médicos empiezan con una dosis mínima (media tableta, equivalente a Ritalin de 5 miligramos o 2.5 miligramos de dexanfetamina) y esta dosis puede aumentarse cada dos o tres días hasta lograr el óptimo resultado. Los efectos de la droga se hacen sentir después de cerca de treinta minutos y tiene una duración de cerca de tres a cuatro horas. Es completamente desechada por el cuerpo y no hay efecto posterior de resaca que se pueda sentir al día siguiente. La mayoría de los niños recibirán una dosis en el desayuno, en la comida y tal vez dosis más pequeñas después de clases. Debido a que dura sólo hasta cuatro horas, es necesario suministrarla por lo menos cuatro veces al día.

Existe alguna evidencia de que mientras mejora el comportamiento con las dosis baja, media y alta de Ritalin, el desempeño académico se mejora con las dosis bajas, aunque hay una disminución en el desempeño con una dosis más alta. La efectividad de la droga tiende a ser medida por su efecto sobre la conducta más que sobre el desempeño cognitivo, de lo cual deben estar conscientes los padres.

RITALIN Y EL DESEMPEÑO ESCOLAR

Algunas veces un niño con DDAH mejorará considerablemente en la escuela cuando está tomando medicamentos.

Cuando Christopher, el hijo de Kim, empezó a tomar Ritalin pasó del último lugar de la clase, a la edad de ocho años, hasta el primer lugar al año siguiente.

"Antes, mi hijo no se podía estar quieto, no podía concentrarse ni podía aprender nada. Se sentía amenazado con la exclusión, era una pesadilla. Ahora los demás aceptan que mi hijo es listo pero que tiene un problema, mientras que antes se asumía que no podía evitar ese comportamiento y fue tratado como si fuera odioso todo el tiempo."

EFECTOS COLATERALES

Como con cualquier medicamento, el Ritalin tiene efectos colaterales, aunque éstos no afectan a todos los niños. Cuanto más pequeño sea el niño, más efectos colaterales habrá, especialmente en los niños de preescolar. Un estudio demostró que tres de veintiocho niños de preescolar dejaron los medicamentos después de una prueba por los efectos colaterales como irritabilidad, disminución de la sociabilidad, falta de apetito e insomnio; mientras que otro estudio demostró que 30 por ciento dejó el tratamiento. Los niños entre cinco y seis años de edad experimentaron menos efectos colaterales.

Un efecto colateral muy frecuente del Ritalin es que reduce el apetito aunque, en algunos casos, en realidad los niños comen más al poder estar quietos más tiempo sentados a la mesa. Normalmente la reducción del apetito disminuye a medida que tu hijo se ajusta a los medicamentos, pero ocasionalmente esto no ocurre y tu hijo perderá peso. Algunas veces crecerá con más lentitud, aunque tendrá un estirón y se pondrá a mano cuando deje de tomar la medicina. Los niños que toman Ritalin durante mucho tiempo, y que son casos en que no se puede dejar de tomar antes de que se haya detenido el crecimiento óseo, pueden padecer una leve reducción en su estatura final como resultado del tratamiento. Por lo general esta reducción es de alrededor de una pulgada en niños que crecerán seis pies o más y menos de media pulgada en aquellos niños que crecerán menos de seis pies.

Otro efecto colateral puede ser el retraso para quedarse dormido, aunque muy a menudo, de hecho, tu hijo dormirá mejor. Algunas veces el Ritalin tiene un efecto de "rebote". Cuando tu hijo deja el medicamento al final del día, es posible que se ponga más irritable, hiperactivo y tenga más energía que lo normal, lo cual puede evitar que se duerma. Si no puede dormir en la noche, se le puede dar una pequeña dosis de una droga llamada *risperidona*, o a la hora de dormir una dosis de otra droga llamada *clonidina*. Sin embargo, ocasionalmente, el Ritalin puede provocarle somnolencia a tu hijo y se sentirá adormilado, pero esto ocurre cuando la dosis es demasiado alta. Con frecuencia, tu hijo seguirá estando agresivo aunque tome Ritalin, en cuyo caso también pueden suministrarse risperidona o clonidina.

Otro efecto colateral frecuente es el dolor abdominal que se presenta, por lo general, al inicio del tratamiento. Sin embargo, los dolores de cabeza son muy frecuentes y, de hecho, muy a menudo el Ritalin ayuda a aliviar los dolores crónicos y aquellos similares a la migraña en niños con DDAH. Las alteraciones temporales en la presión sanguínea pueden presentarse en niños mayores, y pueden deberse a una dosis alta.

Entre otros efectos colaterales posibles están la náusea, la boca seca, temblores, dificultad para pasar agua, latidos rápidos del corazón, dolores en el pecho, diarrea, constipación y, en dosis más altas, el pánico, la confusión y la agresión. Algunas veces el Ritalin no disminuye los síntomas de DDAH que normalmente suaviza, y entonces tu hijo se pone muy emocional, lloroso e irritable, en cuyo caso deberá suspenderse el medicamento. Muy raras veces los niños desarrollan una especie de sacudidas o tics al tomar drogas estimulantes, pero si llega a suceder deberán dejar de tomarlas inmediatamente. También se han registrado reacciones alérgicas raras, como urticaria, salpullido, fiebre y artritis. Si tu hijo presenta estos síntomas, suspende el medicamento y consulta a tu médico inmediatamente.

Puesto que el uso de estas medicinas parecidas a las anfetaminas puede ser adictivo, ha habido preocupaciones relacionadas con el hecho de que los niños se vuelvan adictos. De hecho, no hay informes médicos de que los niños lleguen a ser adictos al Ritalin o a la dexanfetamina. Algunos estudios han señalado que los niños que utilizan estos medicamentos no tendrán tendencia a abusar de otras sustancias que aquellos niños que no los toman. Ha habido informes de estudiantes de escuela secundaria en Estados Unidos que venden Ritalin a sus compañeros, pero esta historia fue desprestigiada por el periódico estadounidense *Newsweek*. Sin embargo, los padres de niños que están tomando Ritalin deberán estar atentos y seguros de controlar la cantidad de medicamento y que su hijo no tenga acceso a él para dárselo a otros niños.

¿NECESITA MI HIJO SUPERVISIÓN MIENTRAS ESTÁ TOMANDO DROGAS?

Las pruebas sanguíneas habituales no se necesitan normalmente mientras tu hijo está tomando Ritalin o dexanfetamina.

Esto es bueno porque la mayoría de los niños ponen resistencia a dar muestras de sangre y les perturba todo el proceso de tener que sacarse sangre. Cuando tu hijo esté enfermo puede resultar útil tomar una muestra de sangre para hacer pruebas del funcionamiento del hígado. Algunos doctores harán lecturas de la presión sanguínea durante los primeros meses del tratamiento para confirmar que tu hijo no esté desarrollando presión alta a raíz del medicamento. Sin embargo, tu hijo deberá tener citas frecuentes con el médico para asegurarse de que todo va bien.

Es necesario pesar a tu hijo con regularidad con el fin de asegurarse de que no está perdiendo peso como resultado de la falta de apetito debido al uso de la droga. Esto puede descartarse si el niño está comiendo bien y aumenta de peso en los primeros meses del tratamiento.

Ben era un niño hiperactivo cuya madre sentía que no tenía otra opción que darle medicamentos. "Cuando estaba todavía en el vientre había sido muy inquieto, y como recién nacido ya sostenía su cabeza y parecía ser muy fuerte y activo. Después de seis semanas tuvo que regresar al hospital porque no estaba comiendo bien y no aumentaba de peso. Simplemente gritaba cada noche y nosotros nos sentíamos exhaustos.

"En el hospital se hicieron pruebas para tratar de descubrir qué estaba mal, y suponían que tenía algún mal celíaco o algunos otros problemas digestivos. Pensaban que tenía una grave alergia al alimento y tuvimos que darle una dieta increíblemente estricta. En realidad, Ben no mejoraba y, finalmente, todo se dificultó tanto que regresamos a darle una dieta normal y, de hecho, no empeoró a pesar de ello.

"Intentamos una asesoría familiar para tratar de dilucidar los problemas, pero esto en realidad no nos ayudó. Fue a través de esto como se nos ofrecieron los servicios sociales de una enfermería. Sin embargo, aunque esto me dio un descanso, Ben daba mucho problemas ahí.

Nunca estaba quieto, no se le podía enseñar a ir al baño, y era muy difícil con otros niños. Después asistió a la guardería de la localidad pero no fue admitido porque dijeron que era peligroso. A la edad de cuatro años empezó a ir al jardín de niños y llamaron a un psicólogo educativo porque Ben era muy demandante y difícil. Este profesional sugirió estrategias tales como sistemas de recompensas para mejorar el comportamiento de Ben, pero los problemas continuaron.

"Cuando Ben empezó con la clase de admisión, resultó muy difícil de controlar. Provocó muchos problemas y cada día que lo recogía me decían que había hecho esto o arrojado aquello. Tenía un nivel bajo de aprovechamiento y a los siete años no podía leer todavía. No se podía sentar tranquilo, saltaba sobre las mesas y no se podía concentrar en nada. Llevaba cuatro citas con el médico, quien decía que Ben era brillante, pero no llegó a ninguna conclusión. Al final tuvimos que ir a un médico particular quien, después de leer el expediente de Ben, diagnosticó DDAH.

"Aunque nos oponíamos a que Ben tomara medicamentos, tuvimos que admitir que se nos habían agotado los recursos y teníamos que intentarlo. Entonces inició el tratamiento con Ritalin y los resultados fueron sorprendentes. En seis semanas ya estaba más calmado y había aprendido a leer. La escuela en la que estaba no proporcionaba el apoyo necesario, de modo que lo cambiamos a una escuela privada más pequeña que sólo tenía siete alumnos por grupo. Académicamente va mejor, aunque todavía hay algunas dificultades en cuanto a su comportamiento.

"Las drogas tienen efectos colaterales. No ha crecido mucho mientras las ha estado tomando, de modo que tiene muy baja estatura para su edad. Nos han sugerido que suspenda las medicinas durante las vacaciones, pero otros médicos no están de acuerdo. Le damos los medicamentos mientras está en la escuela pero lo suspendemos en la noche, aunque es sumamente difícil para nosotros en casa. Asimismo, cuando no está medicado, Ben no juega tan bien, es demasiado competitivo, no comparte ni le gusta esperar su turno, y no interactúa con los demás. Además, con frecuencia no se duerme sino hasta el cuarto para la una.

"Sé que, en parte, esto es heredado. Su padre era muy parecido, siempre estaba desorganizado, iba de un trabajo a otro, rompía sus re-

laciones. No tuvimos más hijos porque yo no podía con esto y no sería justo para los otros niños, además de que tener otro hijo hiperactivo me acabaría por completo.

"No sé qué pasará en el futuro. El especialista quiere que Ben deje
el Ritalin cuando llegue a los once años, pero yo creo que es importante que mi hijo tenga una buena educación, de modo que esperare-
mos para ver qué pasa. No digo que sea malo del todo. Ben tiene
grandes cualidades, y si te quedas a solas con él todo el día y está es-
timulado todo el tiempo, será un niño perfecto. Pero es que sencilla-
mente no puedes hacer esto veinticuatro horas al día."

USO A LARGO PLAZO

Se me había enseñado que mientras el Ritalin era útil a corto
plazo, su uso en tratamientos a largo plazo no era recomenda-
ble, pero ahora este punto de vista está cambiando. Parece que
el tratamiento típico con Ritalin continúa durante varios años.

En algunos casos parece ser que la medicación a corto plazo puede romper el ciclo conductual vicioso, permitiéndole a
tu hijo que logre avances en la escuela, haga amigos, aumente
su autoestima y tenga mejores rutinas y hábitos en la casa. La
medicación puede ser suspendida después de un tiempo pero
los buenos efectos continúan. En algunos casos, la droga parece ser menos eficaz después de seis meses más o menos, pues
parece que el niño desarrolla una tolerancia al medicamento.
En otros casos, los síntomas vuelven a aparecer tan pronto
como el niño deja de tomar el medicamento, de modo que
vuelve a suministrarse. Sin embargo, la investigación al respec-
to no es concluyente.

Algunos doctores argumentan que el uso prolongado del Ritalin no mejora en realidad los prospectos a largo plazo para niños con DDAH. Ahora ésta parece ser una postura pesimista. Un

estudio en Estados Unidos demostró que el tratamiento en la infancia se asociaba en la adolescencia con padres que apreciaban más a sus hijos, que manejan menos cuando han bebido alcohol y han tenido menos contacto con la policía por haber bebido alcohol o consumir drogas. Otro estudio comparó a dos grupos de adultos, uno de los cuales había estado tomando Ritalin durante los últimos tres años en la escuela primaria, mientras que el otro grupo, que también tenía DDAH, no había recibido medicamento. Los adultos que tomaron Ritalin cuando eran niños habían recibido menos tratamiento psiquiátrico, menos accidentes automovilísticos, eran más independientes y presentaban menos agresividad.

Obviamente está clara la evidencia anecdótica por el hecho de que la medicación puede incrementar las oportunidades de vida. Un niño de 12 años de edad, amenazado con ser expulsado, pudo quedarse en la escuela y obtener su título, lo cual aumenta considerablemente las oportunidades de trabajo. Otro, cuyos padres estaban tan desesperados que pensaron en internarlo, pudieron mantenerlo en casa y desarrollaron una relación mucho más positiva. Puesto que las posibilidades para los niños internados son casi nulas, no queda duda de que esto también mejora sus posibilidades a futuro.

¿SE SUMINISTRAN OTRAS DROGAS?

En una hiperactividad severa, si el Ritalin o la dexanfetamina no han funcionado, se pueden suministrar otras drogas o medicinas. Algunas veces el DDAH va acompañado de ansiedad, la cual puede empeorar por las drogas estimulantes, en cuyo caso se suministra una droga llamada *amitriptilina*. Ésta es una droga antidepresiva y ansiolítica tricíclica que puede tener un efecto benéfico en algunos niños con DDAH. Se toma dos veces al día, por lo general en la mañana y en la noche, y el efecto máximo se puede ver después de dos semanas. Con frecuencia provoca sueño en el niño durante los primeros días después de iniciado el tratamiento. La dosis para DDAH es más baja que la que se utiliza en casos de depresión y, por lo general, se empieza con una dosis de 5 a 10 miligramos al día. Esta droga se retiene en el cuerpo durante una semana después de que se ha suspendido el tratamiento.

Los niños con DDAH que son agresivos pueden tomar medicamentos como clonidina o el propranolol bloqueador beta, que baja la presión sanguínea y que también se ha utilizado en los niños para evitar la migraña. Muy ocasionalmente algunos médicos pueden utilizar un tranquilizante más fuerte o un medicamento antisicótico llamado *Risperidona* que rara vez produce efectos colaterales en una dosis baja (entre 0.5 y 1 miligramo diariamente). Sin embargo, éstas son medicinas más fuertes y la mayoría de los padres querrán conocer todos los posibles efectos colaterales y considerar todas las opciones con mucho cuidado antes de empezar a usarlas.

CULPA CAUSADA POR DAR MEDICAMENTO A TU HIJO

Muchos padres de niños con DDAH se sienten culpables por tener que dar medicamento a su hijo. Se preocupan por los efectos colaterales de la droga y por este motivo muchos tratan de darles la menor cantidad posible de medicinas. Otras personas tal vez no comprendan por qué les das medicinas de este tipo a tu hijo si lo que tiene es un problema de conducta, en tanto que reconocerán la necesidad de dar medicamentos a alguien con problemas como la diabetes.

Kim dice que al principio usaban Ritalin para ayudar a su hijo en la escuela pero después dejaron de dársela en las noches y durante los fines de semana.

"El problema era que esto se convirtió en una tortura para la familia. Al principio parecía tener un rebote del Ritalin y se comportaba aún peor cuando dejaba el medicamento; se ponía agresivo y violento. Cada tanto tomábamos 'vacaciones' de Ritalin durante los fines de semana para ver si todavía lo necesitaba. La última vez que hicimos esto, sólo llegamos a las cuatro de la tarde del sábado y toda la familia rogaba porque se tomara su medicamento."

Muchas personas no creen que la medicación sea adecuada para niños con DDAH. Con frecuencia son personas que no tienen que vivir día a día con un niño hiperactivo. Estas personas casi siempre dicen que es un error de la sociedad el hecho de que los niños hiperactivos no puedan ser atendidos y que los niños no deben ser drogados para que puedan encajar en una cultura que no reconoce sus fortalezas. Sin embargo, es imposible que un par de padres logren cambiar a la sociedad para que ésta sea la que se adapte a su hijo, y si su hijo no es feliz, va mal en la escuela, y provocan estragos entre los demás miembros de la familia, la medicación puede ser la mejor opción, por lo menos a corto plazo.

Terapia conductual

Los medicamentos para el tratamiento de DDAH por lo general se recetan conjuntamente con la terapia conductual y cognitiva. Hay muchas opciones diferentes así como el grado de eficacia de cada una: algunos médicos creen que un niño mejorará sólo con las medicinas; otros ven a los medicamentos como una medida a corto plazo para tranquilizar lo suficiente al niño mientras recibe terapia conductual. Un cierto número de estudios han comprobado convincentemente que la terapia conductual puede producir cambios muy impresionantes en el comportamiento, incluso cuando el problema no ha respondido a otros tratamientos.

La terapia conductual se basa en un sistema de recompensas y castigos apropiado, como el "tiempo fuera" para el mal comportamiento, en el cual se alaba y premia el comportamiento deseado en tanto que se ignora o rechaza el comportamiento indeseable. Lo importante es tener una congruencia completa. Se ha descubierto que la proporción entre recompensa y castigo en un niño con DDAH es de 8:1. Esto significa que si un niño es ignorado o castigado ocho veces por un comportamiento en particular y sólo es recompensado una vez, el comportamiento negativo persistirá. Por ejemplo, si durante ocho días eres estricta con relación a la hora de acostarse, pero el noveno día cedes y dejas que tu hijo se acueste tarde, tal vez sea un sábado en la noche y tienes visitas, seguirás teniendo problemas con la hora en que debe irse a dormir tu hijo.

Terapia cognitiva

La terapia cognitiva es una forma de terapia que actúa sobre los procesos de pensamiento consciente de la persona en lugar de trabajar en el inconsciente. Es muy diferente del psicoanálisis y de otras formas de psicoterapia que inciden en la mente inconsciente y con problemas asentados en la profundidad del ser que se remontan a la primera infancia. La terapia cognitiva empieza en el punto en que se encuentra actualmente la persona y trata con problemas en un nivel consciente. Por lo general dura sólo un breve tiempo, a diferencia del psicoanálisis o la psicoterapia que dura mucho más. Al igual que con la terapia conductual, los expertos no están de acuerdo en cuanto a su utilidad para el tratamiento de DDAH.

Terapia familiar

Muchos psiquiatras y otros especialistas que trabajan con niños problemáticos han llegado a ver que muchos problemas incluyen a la familia completa y no sólo al niño como individuo. La terapia familiar incluye a los padres, al niño y, algunas veces, a otros parientes y puede ser útil cuando un niño con DDAH sólo es parte del problema. En las familias con niños hiperactivos existen vínculos claros entre el conflicto marital, el abuso del alcohol, la depresión y los problemas de comportamiento en el niño. Si se tiene un hijo hiperactivo puede ser una gran perturbación para la familia completa, así como en las relaciones entre otros miembros de la familia que pueden estar en desacuerdo sobre cómo tratar el problema. En estas circunstancias toda la familia se puede beneficiar de la oportunidad de hablar con un terapeuta capacitado sobre aquellos aspectos involucrados en la problemática.

Programas para la capacitación de los padres

Los programas para la capacitación de los padres han sido probados en Estados Unidos con cierto éxito. Este tipo de programas tiene como objetivo darle a los padres las habilidades que necesitan para controlar a su hijo hiperactivo, y han demostrado que mejoran las habilidades del niño, estimulan la confianza de los padres y reduce el estrés en la familia.

Psicoterapia

Existen muchas escuelas diferentes de psicoterapia pero todas ellas se basan en las relaciones entre el niño y el terapeuta. Gran parte de la asesoría se deriva de la teoría psicoanalítica pero, por lo general, se involucran menos las partes, y se enfoca más en una meta específica y su duración es más corta.

No siempre es posible dar definiciones duras y rápidas de la diferencia entre un consejero y un psicoterapeuta, aunque por lo general el psicoterapeuta tendrá una capacitación más a fondo y espera trabajar con un cliente durante un periodo más largo. Asimismo hay psiquiatras, doctores en medicina que se han especializado en psiquiatría, y psicólogos, que no tienen conocimientos médicos, sino que son personas con un título en psicología y que se pueden especializar en psicología educativa, clínica o académica. También están los conductistas. Todos los consejeros, psicoterapeutas y analistas deberán haber tenido una capacitación intensiva y estar calificados.

Debido a que probablemente el DDAH tiene base genética, es posible que la psicoterapia no sea útil en una primera etapa. Sin embargo, a medida que el niño con DDAH avanza hacia la adolescencia y la edad adulta, se pueden beneficiar de la psicoterapia para lidiar con otros problemas que puedan haber surgido en su vida, en parte por padecer DDAH. No hay duda de que algunas formas de terapia pueden tener muchos beneficios para los niños mayores y los adolescentes.

Normalmente no es aconsejable la psicoterapia para niños pequeños. Esto se debe a que un niño pequeño no puede realmente consentir al tratamiento, y tal vez no comprenda en su totalidad las implicaciones de lo que ocurre, y la psicoterapia normalmente sólo es útil cuando el cliente ha consentido y desea tomar parte en ella. Los niños que han recibido psicoterapia forzadamente tal vez se resientan y en realidad les haga más daño que bien.

En algunos casos, la psicoterapia y la asesoría para la familia con un niño hiperactivo puede ser de gran utilidad. Mientras que la hiperactividad puede tener una causa física, también es cierto que en muchas familias un niño −o adulto− se percibe como "el problema" y todos los problemas de la familia se cargan sobre él. Es muy raro que un niño sea responsable de todas las enfermedades en cualquier familia. La asesoría y la terapia pueden ser de gran ayuda para enfrentar lo que en realidad está pasando.

Algunas veces es posible que los padres necesiten asesoría de alguna agencia de ayuda matrimonial si el hecho de tener un hijo hiperactivo está ocasionando problemas en su relación, o si los problemas en su relación están causando estrés en el niño. También hay muchos tratamientos disponibles para ayudar a los adultos que sufren estrés y que puede estar rebotando en el niño. Éstos incluyen muchas terapias enlistadas en el capítulo cuatro y entre ellas están el yoga, los tanques de flotación y la visualización.

Tratamientos alternativos

Es CLARO QUE en el caso de los niños con hiperactividad, la medicina convencional sólo puede ofrecer drogas poderosas que pueden no tener beneficios a largo plazo y que pueden tener efectos colaterales dañinos. Muchos padres quieren evitar los posibles efectos colaterales tanto a corto como a largo plazo de los medicamentos y harán lo que esté en sus manos para evitar que su hijo los tome. Si la terapia conductual o cognitiva no han funcionado, y los padres desean evitar darles drogas, las terapias llamadas "alternativas" o "complementarias" tienen mucho que ofrecer. Además, los médicos se están dando cuenta cada vez más de que las terapias alternativas pueden ofrecer ayuda cuando ellos mismos no tienen respuestas, y con frecuencia apoyan y hasta sugieren tratamientos alternativos.

Es difícil estar seguros acerca de los beneficios de muchas terapias alternativas debido a que el papel de la mente es tan importante cuando se trata de lidiar con la enfermedad. La mayoría de las terapias alternativas son "holísticas", esto es, involucran tanto la mente como las emociones, la personalidad del paciente como su temperamento, así como sus cuerpos. Se ha visto que los placebos, como pastillas o inyecciones que el paciente cree que contienen un medicamento pero que no es así, pueden ser muy efectivos para aliviar inclusive un dolor agudo, porque el paciente cree que funciona y se relaja. Los avances médicos se basan en la idea de las pruebas a ciegas en que ni el doctor ni el paciente saben si el paciente está tomando el medicamento activo o un placebo. Si el paciente piensa que está recibiendo un medicamento tiene más posibilidades de responder, y si el médico cree que está recetando una cura, de alguna forma el paciente siente esto y responde mejor.

El contacto humano y la simpatía, así como cuidarte a ti mismo, también son elementos muy poderosos para aliviar los síntomas de la enfermedad y el dolor. Esto es especialmente cierto con los niños pequeños. La mayoría de los padres instintivamente "besarán más" al niño cuando se corta o se golpea, y un beso, un cariño o un apapacho mitigarán indudablemente el dolor. El simple proceso de darle a tu hijo algo para tragar o sobar su frente puede ayudarle mucho a tolerar el dolor y la incomodidad. La preocupación y el interés de un terapeuta alternativo, junto con los remedios específicos que se ofrecen, pueden tener un gran impacto en los síntomas de tu hijo. Del mismo modo, al observar la dieta del niño, así como su estilo de vida y ayudar a los padres a ser más congruentes en su actitud, puede tener grandes beneficios al tratar con un niño hiperactivo.

Muchos de los tratamientos que se enlistan a continuación se han utilizado en niños con DDAH con efectos benéficos. Sin embargo, es esencial que cualquiera que busque tratamientos alternativos para su hijo hiperactivo se acerque a una persona calificada y con experiencia.

Cuando vas a ver a un practicante de una terapia alternativa, en particular a un acupunturista o a un homeópata, pasará gran parte del tiempo hablando contigo y tu hijo, escuchando y considerando a tu hijo como una persona completa, en lugar de sólo concentrarse en sus síntomas. Un homeópata capacitado, por ejemplo, casi siempre invierte una hora y media en la primera consulta.

La mamá de un niño descubrió que ir a ver al homeópata es ya un adelanto.

"Cuando fui a ver a la homeópata pasamos una hora y media hablando sobre su dieta, su salud en general, nuestra relación, nuestro estilo de vida. La homeópata era muy compasiva y parecía comprender por primera vez por lo que yo estaba pasando. Hizo muchas sugerencias que realmente me ayudaron, sobre todo con relación a la dieta, pues mi hijo era muy melindroso y nunca se sentaba quieto el tiempo suficiente como para terminar una comida, así como sus dificultades para dormir. Salí sintiendo que se podía hacer algo y que no sólo tendríamos que sufrir para siempre."

Acupuntura

El término "acupuntura" significa "pinchar con agujas" y es parte de un sistema ancestral de la medicina china. La acupuntura se basa en el principio de que la salud depende del equilibrio y flujo de la energía a lo largo del cuerpo. Con frecuencia, junto con la acupuntura se utiliza una mezcla de hierbas que estimulan la energía corporal. La acupuntura se basa en la idea de Chi, o energía vital del cuerpo, la cual fluye a través de ciertos canales, o meridianos, creando una red a lo largo de todo el cuerpo y conectando todas las partes. Hay doce canales principales de Chi, cada uno de ellos conectado a un órgano interno del cual recibe su nombre. Cuando una persona está sana, el Chi fluye suavemente a través de los canales, pero si por alguna razón el flujo se bloquea o se debilita mucho, se presenta la enfermedad. El acupunturista tiene como objetivo corregir el flujo de Chi insertando delgadas agujas en puntos específicos en los canales. El tratamiento tiene una duración de cerca de veinte minutos y no deberá provocar dolor, sino sólo una sensación de cosquilleo. Debido a que la mayoría de los niños temen a las agujas, hasta la edad de siete años se utiliza el masaje o la presión en lugar de la acupuntura. Asimismo, la acupresión puede ser una buena alternativa para los niños que tienen miedo a las agujas.

Las agujas utilizadas en la acupuntura son extremadamente finas y están hechas de acero inoxidable. La mayoría de los acupunturistas que atienden niños sólo utilizarán las agujas más delgadas, dejándolas en su lugar sólo unos cuantos segundos.

El acupunturista utiliza un cierto número de claves para hacer un diagnóstico y decidir qué tratamiento seguir. Necesita un entendimiento detallado del estilo de vida del paciente, de su historia clínica, su personalidad y trabajo entre otras cosas antes de hacer un diagnóstico, y también observa la forma en que el paciente camina y se sienta, su expresión facial y la lengua; escucha el sonido de la voz y observa su respiración, utiliza el tacto, especialmente en aquellas áreas del cuerpo que pueden ser dolorosas, y toma el pulso.

La acupuntura puede ser utilizada como medicina preventiva al corregir la energía antes de que se presente una enfermedad grave, y también puede revertir el proceso de la enfermedad al restaurar el Chi. De acuerdo con este sistema de medicina, la hiperactividad, al igual que otros síntomas, es provocada por un bloqueo de los canales de modo que la energía no fluye adecuadamente. No todos responden favorablemente a la acupuntura, así como no todos pueden ser curados por la medicina convencional, Pero, como muchos podrán asegurar, ésta puede ser altamente efectiva.

Una amplia investigación realizada en China ha demostrado que la acupuntura es altamente eficaz, y en la República Popular China se usan por igual la medicina tradicional y la moderna. En los países occidentales, esta sólida investigación ha convencido a muchos de que la acupuntura funciona, y que algunas veces se utiliza como anestesia y paliativo para el dolor en los hospitales occidentales.

Acupresión

La acupresión es similar a la acupuntura, y las manos, en ocasiones los codos o los pies, se utilizan en lugar de las agujas. La presión de los dedos o *shiatsu* es la forma japonesa que utiliza cortos estallidos de presión a lo largo de los meridianos.

Técnica Alexander

La técnica Alexander utiliza la respiración y la postura para corregir y dejar salir las tensiones acumuladas en el cuerpo que hayan pasado inadvertidas. La mala postura provoca muchos padecimientos comunes del siglo XX tales como dolor de espalda, dolores de cabeza, migraña e insomnio. La mala postura también puede dar como resultado la creación de una incomodidad física que lleva a una constante inquietud en los niños. Incluso los niños se ven afectados por el estrés de la vida moderna y desarrollan una tensión excesiva en sus cuerpos lo cual puede hacerlos hiperactivos. La técnica Alexander utiliza la relajación y ejercicios para deshacerse de las tensiones que dañan el cuerpo y puede ser muy útil para enseñar a relajarse a los niños tensos o hiperactivos.

Aromaterapia

La aromaterapia ha sido descrita como el arte y la ciencia de la utilización de los aceites esenciales de las plantas como tratamiento. Es una terapia holística, tomando en cuenta la mente de la persona, su cuerpo y su espíritu. Los aceites de las plantas han sido usados medicinalmente durante cientos de años y, por supuesto, los extractos de los aceites de las plantas se utilizan en las medicinas modernas. Recientemente, la aromaterapia ha ganado una enorme popularidad.

Los aceites esenciales son absorbidos rápidamente a través de la piel con efectos terapéuticos y se utilizan en masajes, baños y en preparaciones para la piel o compresas. Las esencias deben diluirse en un aceite catalítico como el aceite de oliva puro, o en cera de abeja u otras bases para cremas. Una cierta cantidad del aceite esencial también se inhala, y el aroma tiene un efecto sobre la mente y, por lo tanto, en el cuerpo. Parte del aceite es también absorbido directa y rápidamente en el flujo sanguíneo a través de los pulmones. Los aceites, combinados con un masaje o un jabón relajante en el baño y el contacto con el terapeuta, tienen un efecto benéfico.

Los niños tienen un sentido del olfato más sensible que los adultos. También parecen responder muy rápidamente a la medicina natural de los aceites esenciales. Los niños deberán usar cantidades mucho más pequeñas de aceites que los adultos y los aceites siempre deben estar bien diluidos para evitar cualquier riesgo de que el niño derrame gotas del aceite en sus ojos o en su boca. Los niños tienen una piel delicada que puede ser irritada por concentraciones de aceite que sean muy fuertes.

La mejor forma de empezar con la aromaterapia es visitar a una persona calificada que te dirá cuál es el mejor tratamiento para tu hijo y cómo se deberá llevar a cabo. Sin embargo, puedes usar la aromaterapia en casa. Necesitas comprar los aceites escenciales, no puedes usarlos puros sino que debes diluirlos en 10 a 20 mililitros (la mitad de una cucharita) de leche entera, o leche de cabra en caso de que el niño sea alérgico a la leche de vaca. Entonces se puede agregar al agua de baño, frotar sobre la piel, o agregarlo al agua caliente e inhalarlo.

Bañarse con aceites esenciales puede ser una experiencia maravillosa y puede aliviar el estrés y la tensión. Los aceites esenciales adecuados deberán agregarse (por lo general de una a tres gotas para un niño) al agua tibia. Los aceites esenciales no se mezclan bien en el agua, así que el agua del baño necesita ser agitada vigorosamente para mezclarlo. El niño deberá permanecer en el agua durante diez minutos antes de bañarse como acostumbra. Otra buena forma de dispersar los aceites en el baño es con miel; una cucharadita de miel líquida es excelente para dispersar el aceite (cabe resaltar que la miel está prohibida en la dieta Feingold). En este caso también necesitas agitar bien.

Un masaje con aceites esenciales es muy útil para relajar a tu hijo y ayudarlo a dormir. Los niños normalmente no tienen las inhibiciones al ser tocados que muchos adultos sí tienen, así que están muy abiertos y receptivos al masaje.

Para los bebés que padecen cólicos, insomnio y que son hiperactivos, un masaje con aceites puede hacer maravillas. Un aceite aromático para bebé puede hacerse con 100 mililitros (5 cucharadas) de aceite de almendras en las que se agregan dos gotas de manzanilla, rosa, esencia de nerolí o lavanda. Para un cólico muy fuerte se agrega tangerina o mandarina. La forma más segura de dar un masaje a tu bebé es sentarte en el suelo con las piernas dobladas y una toalla sobre tu regazo donde colocarás al bebé. Acuesta a tu bebé de espaldas y empieza por los tobillos, dando masaje con una pequeña cantidad de aceite desde los pies hasta la parte superior de las piernas. Desliza tus manos hacia arriba y debajo de sus piernas, toma cada pie y dale masaje en la planta con movimientos circulares. Después lleva tus manos de las piernas al abdomen y dale masaje en el sentido de las manecillas del reloj con la palma de la mano. Si está contento, voltéalo y dale masaje en la parte de atrás de las piernas hacia el abdomen y después dale masaje circular en el sentido de las manecillas del reloj con la palma de la mano. Entonces sigue la curva de los hombros y frota los brazos hacia abajo. Si está contento, voltéalo y dale masaje en las piernas y la columna. No des masaje a las manos del bebé porque puede frotarse con el aceite los ojos e irritarlos. Mientras le das este masaje, háblale y cántale a tu bebé, limita el masaje a diez minutos aproximadamente porque de otro modo se aburrirá.

Para un niño que gatea o un niño mayor, intenta calentar el baño con manzanilla. Las inhalaciones no son seguras para niños de menos de diez años, pues pueden quemarse. Puedes utilizar un vaporizador, un pañuelo o un difusor especial que puedes comprar en una tienda naturista, botica o tienda por departamentos.

Biorretroalimentación

Se ha descubierto que la técnica de biorretroalimentación es de gran beneficio en el tratamiento de la hiperactividad. Esta técnica utiliza monitores que te ayudarán a medir los procesos corporales tales como el ritmo respiratorio, la tensión muscular, entre otros. En virtud de que puedes ver estos datos, es posible controlar gradualmente estos procesos y aprender a relajar el cuerpo.

Los monitores pueden estar en la frente, el cuello, los hombros o las áreas de tensión, y a través de una imagen o un sonido podrás ver el grado de tensión. A medida que el paciente se relaja, esta información se les regresa. La biorretroalimentación térmica puede dar información acerca del flujo sanguíneo y ayuda a controlar mejor su propio flujo, ayudándolo a calmarse.

Esta técnica obviamente es difícil de aprender para los niños pequeños. Con los niños más grandes y con los adolescentes, sin embargo, puede ser muy útil.

Sales del tejido bioquímico

La bioquímica es un sistema médico fundado en el siglo XIX por un médico alemán llamado Schuessler. Él señaló que la armonía interna podría lograrse a través de la homeostasis, esto es, un equilibrio entre los niveles de líquido y ácido-alcalino del cuerpo. Este equilibrio puede ser perturbado por las discrepancias en los niveles minerales y otros elementos, y pequeñas cantidades de estas sales pueden tomarse para restaurar el equilibrio. Las sales son seguras y fáciles de tomar, además de que no interfieren con los medicamentos convencionales.

Biorresonancia

La biorresonancia también se conoce como terapia de resonancia Bicom, en honor a una máquina utilizada en este proceso. La máquina Bicom es una computadora especializada que manda pequeñas corrientes eléctricas alrededor de tu cuerpo y lo entona en frecuencias electromagnéticas emitidas por cada célula. Algunas están en armonía, otras no. También se pueden colocar muestras de alergenos posibles, ya sea en el paciente o en la máquina y el meridiano de la alergia señala las fluctuaciones. Esto marca el alergeno y el grado de sensibilidad hacia él. La teoría es que la Bicom invierte las ondas inarmónicas, amplifica las armónicas y las refleja de nuevo en el cuerpo, con lo que restaura el equilibrio.

La prueba toma sólo unos cuanto minutos y tu hijo no deberá alarmarse por tantos cables, que se colocan sobre el cuerpo con cinta velcro en las muñecas y los tobillos. La biorresonancia puede ser muy útil para detectar alergias así como las intolerancias y en el diagnóstico y tratamiento del DDAH.

Quiropráctico

Esta técnica funciona sobre el principio de buscar los huesos desalineados del cuello y corregirlos. Un quiropráctico diagnostica, da tratamiento y previene los trastornos mecánicos de las coyunturas usando sus manos para manipular las articulaciones del cuerpo y los músculos con el fin de reducir el dolor. La tensión, estrés y desalineación de los huesos del cuello puede reducir el suministro de sangre al cerebro y dificultar a un niño el concentrarse, produciendo los síntomas de la hiperactividad y trastorno por déficit de atención.

Algunas veces los rayos X se utilizan para diagnosticar los problemas, aunque no siempre es así. El examen inicial puede llevar de 20 a 45 minutos, y las visitas posteriores normalmente toman de 10 a 20 minutos.

Cuando una articulación está fuera de lugar puede restaurarse gracias a un movimiento de resorte muy suave y muy rápido. Con frecuencia el paciente escuchará un sonido cuando esto ocurra. El efecto es casi siempre impresionante y no debe haber efectos posteriores.

Hay diferentes formas de quiropráctico. Daniel David Palmer fundó esta práctica y el primer tratamiento exitoso tuvo lugar en Iowa en 1895. También hay una escuela más reciente fundada por John McTimoney en 1972, en Gran Bretaña, en la cual se utiliza una técnica llamada ajuste de "articulación de retroceso". Este tratamiento es ideal para los niños.

Terapia del color

La investigación muestra cada vez con más frecuencia cómo reaccionamos al color y que el color puede tener propiedades curativas. Los niños pequeños responden bien al color; así, si a un niño pequeño que está enfermo le muestras pinturas coloridas o carbones o tarjetas de colores, escogerán el color adecuado para su curación. El índigo es un color calmante, lo cual dará grandes beneficios para el niño hiperactivo. Trata de crear un espacio tranquilo en su cuarto y evita muchos colores estimulantes, tal vez pintando las paredes con un calmante azul índigo. Muchos padres han descubierto que crear un ambiente tranquilo para su hijo en realidad ayuda a tranquilizarlos.

Remedios florales

Diferentes culturas han utilizado las flores durante cientos de años por sus propiedades curativas, incluyendo a los aborígenes australianos, los antiguos egipcios, los habitantes de Creta y los nativos de América. En los años treinta, el doctor Edward Bach volvió a descubrir la curación con flores, y a mediados de los setenta, Richard Katz estableció la Sociedad de la Esencia Floral en California. Muchos otros han sido inspirados para hacer investigaciones sobre las propiedades curativas de su flora local.

Los remedios florales más populares hoy en día son los desarrollados por el doctor Edward Bach, que practicaba en el University College Hospital en Londres, a principios de este siglo. Creía que los problemas emocionales y psicológicos de las personas eran la raíz de sus enfermedades, y se volvió crítico de los tratamientos médicos que sólo atendían los síntomas en lugar de tomar en cuenta a la persona completa. Con influencia de la homeopatía, desarrolló treinta y ocho remedios herbales a partir de flores silvestres. Cada uno de estos remedios trata un estado emocional específico o aspecto de la personalidad. Los remedios que pueden ser benéficos para los niños con hiperactividad son aquellos para los impacientes, o los que están inclinados a la impaciencia y a irritarse con la lentitud. El lárice puede ser necesario para aquellos que, como resultado del DDAH, carecen de confianza en sus habilidades, no creen en sí mismos, temen al fracaso y no se arriesgan. El doctor Bach reconoció que el temor y la preocupación reducen la resistencia del cuerpo, haciendo que la persona se sienta menos y lo hace más propenso a sucumbir a la enfermedad, que a la preocupación, aprehensión e irritabilidad provocados por la recuperación de la salud y la convalecencia.

El doctor Bach hizo estas esencias de flores al colocar flores recién cortadas en un recipiente con agua pura de primavera y dejarlas a la luz del sol durante tres horas. Creía que la esencia floral o energía se transferiría al agua, que entonces se estabiliza al mezclar un volumen igual de brandy. Otras esencias florales se hacen sin cortar flores. En Alemania, por ejemplo, Andreas Korte, utiliza una mitad limpia de un cuarzo lleno con agua de primavera que se coloca en el campo donde crecen las flores y se dejan al sol durante cierto tiempo para atrapar su energía.

Las esencias florales son adecuadas para los bebés y los niños pequeños porque son suaves y están libres de los efectos colaterales dañinos. Es importante adquirir el hábito de tomar un remedio con frecuencia, por lo general dos o tres gotas en la mañana y dos o tres gotas al irse a acostar, para lograr todos los beneficios. La forma tradicional para tomar esencias florales es dejar caer las gotas sobre la lengua, o puedes agregarlas a las bebidas o diluirlas en jugo o agua. Las esencias florales también pueden ser útiles cuando se frotan sobre la piel. También puedes agregar esencias florales al baño de tu hijo.

Medicina herbolaria

La herbolaria es la forma más antigua que se conoce de la medicina. Todavía gran parte de la población mundial la utiliza y de hecho muchos medicamentos modernos y poderosos se derivan de las plantas, tales como la medicina digitalis para el corazón que se deriva de la dedalera, la atropina de la belladona, la aspirina que se encuentra en la corteza del sauce, la morfina que se saca de las amapolas y la quinina del árbol de cinchona.

En tanto que la medicina convencional se basa en la extracción y purificación de un ingrediente activo, en la medicina herbolaria la planta completa se utiliza en una mezcla de diferentes ingredientes. Los remedios herbolarios pueden masticarse, tragarse, aplicarse sobre la piel, ponerse en el agua de baño, o inhalarse. Los herbolarios modernos con frecuencia recetan hierbas en forma líquida, pero algunos otros utilizan elíxires, tés, píldoras, ungüentos, aditivos para el baño y cataplasmas. También puedes sembrar y preparar tus propias hierbas, pero debido a que algunas plantas pueden ser venenosas, siempre deberás pedir consejo de un herbolario calificado, especialmente antes de dárselas a los niños pequeños. Es posible que los remedios herbolarios varíen de un país a otro, sobre todo porque las hierbas difieren de una región a otra.

La mayoría de los herbolarios advierten que algunas veces los síntomas empeorarán al principio, pero después habrá una mejoría notoria. Esto es normal y no debe causar ansiedad. Para la hiperactividad se puede usar una variedad de remedios herbales. La verbena puede usarse para el estrés. La lechuga salvaje –lactuca virosa– es un valioso remedio para el insomnio, intranquilidad y excitabilidad, especialmente en los niños. Otros remedios incluyen la manzanilla, el mastuerzo, alhelí, jacaranda, campanillas, petunias y canácea amarilla. Todas éstas pueden prepararse en una infusión al verter en una taza de agua hirviendo sobre una o dos cucharadas de la hierba deshidratada y dejarla reposar durante 10 a 15 minutos. La avena, que también calma los nervios, puede tomarse preparada con leche o como atole o bien como un extracto líquido.

Medicina herbolaria china

La medicina herbolaria china es parte de un sofisticado sistema utilizado desde tiempos ancestrales. Las hierbas, los minerales y algunos productos animales se utilizan para tratar una gran variedad de padecimientos. Se cree que el tratamiento restaura la armonía de las funciones corporales, lo cual significa que se dan varios componentes de tratamiento en forma simultánea. A diferencia de los herbolarios occidentales, que tienen un limitado número de yerbas a su disposición, la medicina oriental cuenta con una diversidad de 4,000 hierbas trabajadas en variadas y complejas fórmulas. Un limitado número de estos componentes se pueden conseguir en forma de píldoras, tabletas, gránulos, polvos o líquidos, pero la mayoría se recetan como materiales secos que se mezclan para lograr empatar con las necesidades percibidas del paciente individual. Debido a que cada paciente es distinto, la mezcla de hierbas variará de un paciente a otro. Por lo general, el tratamiento se prepara hirviendo hierbas y otros materiales secos en agua durante un periodo específico, escurriendo el líquido, enfriando para obtener el extracto.

Un practicante de la medicina herbolaria china buscará el "patrón de falta de armonía", que es una forma de decir que el flujo de energía (ch'i o aliento) de alguien está bloqueado o perturbado. Estos patrones se reconoce por una combinación de síntomas, estados mentales, comportamiento no verbal, signos psicológicos y la lectura tanto de la lengua como del pulso. El concepto del yin y del yang, lo que significa que están involucrados el sol y la luna, lo masculino y lo femenino, la luz y la oscuridad, son dos estados que no están en armonía, pues uno predomina sobre el otro. Los síntomas que indican que hay exceso de yang son que la persona está caliente, inquieta, seca, es rápida, se mueve hacia afuera, tiene insomnio, tronco extremidades calientes, voz fuerte, gritan mucho (¿le suena familiar?), mientras que demasiado yin hace a la persona fría, tranquila, sudorosa, lenta, con movimiento hacia adentro, adormilado/letárgico, con el tronco y las extremidades frías, voz débil, y no le gusta hablar.

Los niños son excelentes prospectos para la medicina herbolaria china. Dependiendo de su edad, el especialista le hará al padre o al niño, o a ambos, preguntas sobre sus síntomas y observará al niño de cerca a lo largo de toda la entrevista.

Homeopatía

La homeopatía es la más conocida de las medicinas alternativas y cada vez es más popular. Dos de las razones por las que la gente prefiere la homeopatía son una desconfianza en las drogas poderosas que tienen efectos colaterales y pueden dañar el cuerpo, así como el deseo de recibir tratamiento integral como persona y no sólo como un cuerpo físico con síntomas específicos. Además, esta medicina ha recibido un reconocimiento médico y ha estado sujeta a varias pruebas clínicas.

La homeopatía es un sistema de tratamiento médico usando la medicina de acuerdo con el principio "como lo indique el remedio". Fue desarrollada como ciencia por el médico alemán Hahnemann, quien se percató de que la quinina, que produce los mismo síntomas que la malaria, podía usarse también para curarla. Con frecuencia, los síntomas de una enfermedad muestran cómo el cuerpo está tratando de curarse a sí mismo. El catarro se utiliza para eliminar organismos extraños que se han alojado en el tracto respiratorio, las descargas vaginales tienen la misma función pero con organismos que se han alojado en el tracto reproductivo, y así sucesivamente. La homeopatía se basa en la observación de que las sustancias que provocan ciertos síntomas también se pueden usar para curarlos. Sin embargo, si se usan en dosis convencionales, muchas de estas sustancias pueden ser tóxicas y extremadamente dañinas, por lo que en la homeopatía están diluidas para que resulten inocuas. Las medicinas se diluyen por etapas en una solución de alcohol y agua, se agitan mecánicamente en forma vigorosa en un proceso conocido como "potenciación".

La potencia de un remedio homeopático se refiere al grado

y al número de veces que el extracto original se ha diluido durante la preparación. Por ejemplo, el árnica 6c ha sido preparada al añadir una gota del extracto original de alcohol a 99 gotas de una solución de agua y alcohol que se agita vigorosamente. Después una gota de esta solución se agrega a otras 99 gotas y así sucesivamente hasta completar seis veces. Cuanto más alto sea el grado de la solución, más grande será la potencia.

La mayoría de los remedios que se encuentran en el mostrador tienen una potencia de seis centésimas (6c) muy apropiada para que la utilice un principiante. Las potencias, como 12c y 30c, sólo deberán ser recetadas por un homeópata calificado.

Los críticos de la homeopatía sostienen que en algunas preparaciones la sustancia original estará tan diluida que no quedará ni una sola molécula de ella en la solución y, por lo tanto, es imposible que tenga efecto alguno. Sin embargo, los homeópatas creen que durante la potenciación las propiedades de la sustancia que se está diluyendo queda impresa de alguna forma en las moléculas de la solución que la transporta. No hay explicación científica convencional de cómo puede ocurrir esto, pero también hay otras cosas que la ciencia moderna no puede explicar.

Se han realizado algunos estudios científicos para tratar de probar si la homeopatía es efectiva o no, pero puesto que la mente es tan poderosa para influir en la enfermedad, esto es muy difícil. Muchas personas creen, a partir de la experiencia y la observación, que la homeopatía sí funciona. Es cierto que no tiene consecuencias dañinas, de modo que vale la pena probarla aunque seas escéptica.

Debido a que la homeopatía es holística, se toman en cuenta la historia clínica del enfermo, su estilo de vida, su temperamento y sentimientos. Debido a esto, no hay un solo remedio que sea útil para todos: el remedio tiene que ser específico para esa persona. Además, la forma particular que toman los síntomas incidirán en lo que se recete. Puesto que todos somos diferentes y el homeópata es hábil para encontrar el remedio adecuado para cada persona, siempre deberás consultar a un homeópata profesional si los síntomas de tu hijo son graves. Debido a que los homeópatas consideran a la hiperactividad como un trastorno profundo, siempre se recomienda que veas al especialista en lugar de intentar recetarle tú misma los remedios que compraste en las tiendas o farmacias naturistas.

A los pacientes que usan homeopatía con frecuencia se les advierte que sus síntomas empeorarán antes de mejorar, y muy a menudo se observa una crisis de salud. Si los síntomas se agravan deberá buscarse otra opinión.

Aunque cada niño y cada caso es distinto, y dos personas con el mismo trastorno no tendrán necesariamente el mismo tratamiento, existen algunos remedios comunes que se utilizan para la hiperactividad. El estramonio o la higuera loca es un remedio útil. También puede usarse la nux vomica o heparina sulfuris calcareum de sulfito de calcio. La china officianalis es útil para tratar la desobediencia y el lycopodium para la mala concentración.

Los remedios homeopáticos por lo general se recetan en forma de tabletas suaves que se disuelven rápida y fácilmente debajo de la lengua y también pueden pulverizarse para suministrarlas a los bebés, aunque igualmente pueden estar en forma de tabletas duras, polvos, gránulos, cápsulas o suspensión líquida. Es mejor no comer ni beber nada que no sea agua veinte minutos antes o después de tomar el remedio, y evitar las bebidas con sabores fuertes así como las pastas de dientes concentradas porque pueden interferir con el tratamiento.

Jane y su esposo Philip tienen dos hijos. Alice de siete años de edad y Emily de cuatro. Mientras que Alice era una niña tranquila y plácida, la pareja se horrorizó cuando descubrió que su segunda hija era una bebé tensa y chillona que, al llegar a gatear, no dormía y siempre estaba en acción.

"Tenía terribles berrinches por capricho y le gustaba retorcer las cosas. Alice se molestaba porque Emily la atacaba, aplastaba sus juguetes deliberadamente y echaba a perder sus juegos. Nuestras noches eran una pesadilla y Emily se levanataba tres o cuatro veces en la noche y gritaba hasta que la llevábamos a nuestra cama, entonces se ponía a dar vueltas durante toda la noche, a jalar las cobijas y a tenernos despiertos.

"Fuimos a una clínica del sueño y eso nos ayudó un poco en las noches; también eliminamos cualquier aditivo, bebidas gaseosas y dulces. Entonces una amiga me recomendó a una homeópata. Yo estaba muy escéptica cuando fuimos, pero me asombré al ver cuánto tiempo pasó la homeópata con nosotros y cómo sus preguntas eran tan acertadas.

"La homeópata recetó nux vomica y empezamos a dársela a Emily inmediatamente. Es notoria la forma tan rápida en que mejoró su comportamiento y desaparecieron muchos de los violentos berrinches por celos."

Hipnoterapia

Cuando uno menciona la palabra hipnoterapia se imagina a un hombre vestido en un traje negro que balancea su reloj frente a nuestros ojos e incitándote a hacer cosas que normalmente no haces. Nada más alejado de la realidad. De hecho, la hipnosis es un estado natural que todos experimentamos, y normalmente dormitar o soñar despierto. No es lo mismo que estar dormido o inconsciente. De hecho, es autoinducida y quien quiera que ocurra puede disponerse a ello. Normalmente se experimenta como una sensación de estar muy relajada, como flotando y es placentero, pero también puedes sentirte llena de energía y alerta. Sorprendentemente, la habilidad para auto hipnotizarte puede aprenderse en una sola sesión, aunque se requiere de práctica para lograr un estado profundo de relajación.

Hipnoterapia significa utilizar la hipnosis para trabajar directamente con la mente subconsciente, canalizando sus recursos para lograr un cambio positivo. La mente subconsciente controla nuestros sentimientos y comportamiento, y con frecuencia se establece un ciclo negativo que nos limita. La tensión, el estrés y la preocupación dificultan que nos curemos nosotros mismos.

La hipnoterapia ha sido utilizada con mucho éxito para lidiar con problemas de la conducta. La hipnosis puede funcionar muy bien con los niños, por lo general mayores de siete años, pues puede aprovecharse la poderosa imaginación del niño. El hipnólogo también puede probar la sugestión poshipnótica, la técnica más conocida por los espectáculos de hipnosos. Primero el terapeuta lleva a tu hijo a un estado parecido a un trance en el que estará muy relajado, y entonces en la mente del niño se planta una idea o instrucción. Esto puede ser útil para ayudar a calmar a tu hijo, para que duerma durante la noche y evitar berrinches y comportamiento impulsivo.

Masaje

Un masaje de cualquier tipo puede tener grandes beneficios en los pacientes de DDAH. Con frecuencia, los niños hiperactivos

están muy tensos y, por lo tanto, acumulan tensión en los músculos que pueden provocar dolores de cabeza y otros problemas.
El masaje puede aliviar estas tensiones y ayudar a tu hijo a alcanzar un estado más relajado y dormir mejor. Muchos niños
con DDAH adoran la atención que reciben durante el masaje.

Naturopatía

El término "naturopatía" fue acuñado en 1895 por un médico de Nueva York, John Scheel, pero surgió de las curas populares en la Alemania del siglo XIX, que pone énfasis en el
aire fresco, la luz del sol y el ejercicio. La naturopatía se prac-
tica ampliamente en muchos países y todavía goza de gran popularidad en Alemania. La teoría que sustenta es que una
dieta deficiente, la falta de sueño y ejercicio insuficiente junto
con el estrés y la contaminación, permiten que los productos
de desecho y las toxinas se acumulen en el cuerpo. El tratamiento incluye asesoría en alimentación, se recomienda una
dieta rica en fruta y verduras orgánicas frescas, remedios herbales, el masaje de hidroterapia, trabajo corporal y cambios en
el estilo de vida, todo lo cual es sumamente útil para tratar la
hiperactividad.

Terapia nutricional

La terapia nutricional abarca el uso de métodos nutricionales
para evitar o tratar un amplio rango de enfermedades y padecimientos. Gran parte de la dieta moderna altamente refinada
carece de los minerales esenciales, vitaminas y otros nutrientes.
El objetivo de la medicina nutricional es resolver cualquier

déficit que pueda haber y agregarlo a la dieta de modo que puedan ser absorbidos y utilizados por el cuerpo. Por lo general, es mejor agregar minerales y nutrientes a la dieta, pues se encuentra naturalmente en los alimentos, pero con frecuencia se utilizan complementos de minerales y vitaminas.

Los terapeutas nutricionales también te asesorarán en cuanto a tratamientos para cualquier intolerancia o alergia a los alimentos. Normalmente recomiendan un sistema de diagnóstico y eliminan cualquier alimento que pueda disparar el comportamiento hiperactivo del niño, así como una rotación de alimentos o el uso de otra dieta para evitar cualquier sensibilidad posterior.

Osteopatía

La osteopatía es un sistema de diagnóstico y tratamiento que utiliza al sistema músculo-esquelético. El principio en este caso consiste en utilizar una manipulación suave para restaurar y mantener el adecuado funcionamiento de los huesos y los músculos. El fundador de la osteopatía fue Andrew Taylor Still, nacido en Virginia, Estados Unidos, en 1928. Existe cierta confusión pues en Estados Unidos los osteópatas son doctores en medicina, en tanto que en el Reino Unido no lo son.

La osteopatía se utiliza para tratar problemas de la columna vertebral, ligamentos, músculos y huesos. Mejora el drenaje linfático así como la respiración y puede ser muy efectivo para el tratamiento de la hiperactividad.

La osteopatía craneal fue explorada primero por un alumno de Still, William Garner Sutherland. Él creía que los dolores de cabeza, los mareos y la falta de concentración pueden ser el efecto de problemas en el cráneo. Muchos bebés que padecen cólicos pueden padecer efectos posteriores de la presión ejercida sobre el cráneo durante el parto, y pueden beneficiarse mucho de la osteopatía craneal.

"Joel, mi bebé, gritó durante los dos primeros meses de vida. Era algo terrible, y ninguno de nosotros podíamos dormir. Lo llevé a revisar con el doctor quien dijo que estaba bien y después consulté a una asesora para alimentación con leche materna quien vino a verme, y dijo que el bebé se estaba alimentando bien y aumentaba de peso, y que el llanto podía tener otra causa. Finalmente una amiga me sugirió la osteopatía craneal. La osteópata dijo que había una compresión en la columna vertebral de Joel así como en el cráneo, debido a un nacimiento complicado (estaba atorado en la segunda etapa y los médicos utilizaron una ventosa para sacarlo) y que ella podía liberar la presión y los bloqueos que presentaba. Fue algo sorprendente. Llevé a este niño llorón y con cólicos a consultorio todo tenso y al final del tratamiento se había quedado profundamente tranquilo. Aparte de este efecto inmediato, después de tres sesiones semanales estaba mucho más calmado y empezó a dormir mejor en casa."

Reflexología

La reflexología es un sistema de masaje en los pies que ha sido practicado en la mayoría de las culturas antiguas desde China hasta América.

En reflexología se imprime una presión suave pero firme y se aplica una técnica de masaje especial en las áreas del pie y pantorrillas que tienen una correspondencia con todas las glándulas, órganos y partes del cuerpo. Se piensa que las tensiones en el cuerpo se manifiestan en los pies y manos y el consecuente bloqueo de los canales de energía tiene como resultado el desequilibrio y la enfermedad. Al aplicar una suave presión con las manos en las áreas relevantes de los pies y las pantorri-llas, las toxinas del cuerpo pueden eliminarse y así mejorar la circulación, restaurando el libre flujo de energía y nutrientes a las células del cuerpo.

La reflexología no es una terapia de diagnóstico pero puede indicar si ciertos órganos o glándulas se encuentran bajo pre-sión. Con frecuencia puede detectar heridas que tuvieron lugar hace años, y tambén puede detectar la debilidad que aún no se desarrolla como enfermedad.

Por lo general las sesiones del tratamiento toman entre 50 y 80 minutos, y el número de tratamientos requeridos varía de un individuo a otro de acuerdo con la naturaleza del padeci-miento. Durante el tratamiento, el paciente puede sentir una li-gera incomodidad en ciertas partes de los pies y puede sentirse cansado y como aletargado al principio, pero después tendrá una sensación de bienestar. La reflexología puede crear una profunda sensación de relajación, lo cual puede estimular los propios procesos curativos del cuerpo.

Reiki

Ésta es una antigua terapia japonesa en la cual se colocan las manos sobre el cuerpo para propiciar la relajación y la cura-ción natural. Es una forma de conectarse con la energía uni-versal para mejorar la salud y estimular la calidad de vida. El *reiki* funciona sobre la causa del problema y no sólo en los síntomas externos, y da tratamiento a la persona integral, a su cuerpo, emociones, mente y espíritu. El paciente simplemen-te se relaja y disfruta el calor de las manos del especialista sobre el área donde se ubica el dolor. El *reiki* puede ayudar a un gran número de dolencias, y debido a que induce una relajación profunda, es particularmente efectivo con la hiperactividad.

Shiatsu

El *shiatsu* es una terapia japonesa basada en los mismos principios que la acupuntura, en la cual la presión se aplica a las líneas de energía, conocidas como meridianos. Aunque principalmente se usa la presión de los dedos, el especialista también puede usar los codos y hasta las rodillas y los pies.

El masaje estimula la circulación y también el flujo de energía vital en el cuerpo, que en japonés se conoce como *Ki*. El *shiatsu* refuerza el sistema nervioso y ayuda a liberar las toxinas y la tensión profunda. En un nivel más sutil, el *shiatsu* permite que los pacientes se relajen profundamente y entren en contacto con las propias habilidades curativas de su cuerpo. Normalmente el paciente se acuesta en su futón y es aconsejable no beber ni comer mucho antes del tratamiento. Por lo general, después de un tratamiento de *shiatsu* invade una sensación de calma y bienestar, y muchas personas se sienten llenas de vigor además de estar relajadas.

Visualización y relajación

Puede ser difícil enseñar a relajarse a un niño hiperactivo, pero vale la pena intentarlo. La técnica de relajación puede resultar familiar a las madres que han asistido a clases prenatales, en las que se incluyen ejercicios de relajación. La técnica consiste en tensar para luego relajar todas las partes del cuerpo secuencialmente.

* *Acuéstate sobre tu espalda en el piso, cama o en un lugar cómodo.*
* *Empieza por los pies. Menea los dedos y pies y déjalos colgar. Levanta la pantorrilla ligeramente y suéltala. Menea las rótulas, y después relaja; tensa y relaja los muslos.*
* *Sigue con las manos, muñecas y antebrazos. Dobla las manos y después relaja. Deja que tus muñecas queden sueltas. Levanta el antebrazo y suéltalo después. Luego tensa y relaja el resto del brazo.*
* *Continúa con los hombros. Levántalos y suelta, menéalos hasta que se relajen. Después relaja el cuello. Presiona la nuca contra el piso o la cama, y relaja otra vez. Asegúrate que el cuello esté recto y tu cabeza no esté volteada hacia un lado.*
* *Entonces piensa en tu cara. Levanta tus cejas, y suéltalas. Aprieta los ojos muy bien, y después relaja. Frunce y relaja. Tuerce la nariz. Abre y cierra la quijada. Haz muecas y relaja la boca. Separa los labios si así lo sientes y deja colgar la quijada.*
* *Concéntrate en la respiración. Respira profundamente, y deja salir el aire, relaja el pecho. Relaja los músculos del estómago y sigue respirando lenta y tranquilamente.*

Asimismo, las técnicas de visualización pueden ayudar a relajarte. Apoya a tus hijos diciéndoles que están en algún lugar maravilloso y tranquilo, como una playa tropical con el sonido del mar al fondo, la brisa que mueve las hojas de los árboles, la suavidad de la arena y la tibieza del aire. O, si el niño parece tener calor y estar afiebrado, puedes proponer un paisaje nevado, un muñeco de nieve y un árbol de Navidad, y decirles que están flotando en el aire.

Con cierta práctica, esta técnica deberá inducir rápidamente a un estado de relajación e inducir el sueño.

Reflejo simétrico de los músculos tónicos del cuello

Una terapia específica para el DDAH se basa en una teoría desarrollada por la doctora Miriam L. Bender, de la Universidad de Purdue, en Estados Unidos. Su teoría es que muchos niños experimentan dificultades de conducta y académicas debido a un reflejo inmaduro de los músculos tónicos del cuello. Este reflejo se desarrolla en los bebés cuando están gateando y enlaza el cuello, los brazos y las piernas para que cuando la cabeza se eche hacia atrás, o hacia delante, aumente la tensión en los músculos que refuerzan y flexionan los codos, las rodillas y las caderas.

Cuando el desarrollo es normal, este reflejo alcanza su fuerza máxima entre los seis y los ocho meses, y normalmente disminuye para cuando el niño ha llegado a los dos años. Sin embargo, si esto no ocurre, el reflejo entorpece los movimientos rítmicos y coordinados y dificulta al niño sentarse en un escritorio con la posición "correcta" para escribir. Cuando un niño dobla su cuello hacia delante y pone sus brazos en posición de escribir, las piernas tienden a estirarse. Con frecuencia, estos niños se desploman sobre el escritorio con las piernas muy estiradas frente a ellos. Para tener las piernas dobladas, tal vez las enganchen alrededor de las patas del escritorio, que es otra posición que se suele ver en los niños inquietos. Se les dificulta sentarse derechos durante cualquier lapso y constantemente cambian de posición en un intento por estar cómodos.

Muy a menudo tienen una mala caligrafía porque cada cambio del brazo al escribir provoca un cambio en la tensión del cuello y las caderas. Les resulta muy difícil copiar del pizarrón en su cuaderno porque el constante cambio en la posición del cuello afecta los músculos en los brazos y las piernas. Estos niños suelen escribir en un estilo agarrotado para hacer menos movimientos.

Este reflejo es el que permite que el niño se arrastre. Cuando tu bebé levanta la cabeza, se estiran sus antebrazos, despegando su pecho del piso, y sus rodillas y caderas se doblan, poniéndolo de nuevo sobre sus talones. A medida que tu bebé aprende a gatear, este reflejo es menos importante y gradualmente llega a controlar las diferentes partes de su cuerpo.

En algunos niños, sin embargo, como aquellos que no quieren aprender a gatear es posible que este reflejo no se inhiba. Aquellos bebés que se arrastran sentados, que van de estar sentados a caminar, y que pasan mucho tiempo en andaderas, o que gatean durante un periodo corto, pueden descubrir que este reflejo sigue activo. Es difícil saber si el problema es resultado de que los bebés no gatean o de que a estos bebés se les dificulta gatear por algún problema que está suprimiendo el reflejo. Sin embargo, el punto de vista de la doctora Bender es que estos bebés deberían ser estimulados y ayudados a gatear, y que a los niños que muestren los síntomas de DDAH, que no pueden sentarse quietos y que tienen problemas de concentración, se les debe enseñar la forma adecuada de gatear para ayudar a suprimir el reflejo en las etapas posteriores.

La doctora Miriam Bender aconseja a los padres de los niños pequeños que:

✳ *Coloquen a los bebés sobre su estómago a partir de los tres meses de edad para permitirles empujarse desde el piso*
✳ *Los estimulen a gatear*
✳ *Busquen cualquier oportunidad para poner a gatear a su bebé*
✳ *No pongan a los bebés en andaderas*
✳ *No usen excesivamente el corral*
✳ *No propicien que empiecen a caminar muy pronto*

La doctora Bender ha desarrollado un programa de ejercicios para niños mayores diseñado para ayudar al cuerpo del niño a madurar y a evitar el reflejo simétrico de los músculos del cuello. Se trata de un programa de ejercicios de 26 semanas en los que se mece y deja gatear al niño. Se pueden encontrar más detalles en el libro *Stopping Hyperactivity: A New Solution* escrito por Nancy O'Dell y Patricia A. Cook, directoras del Centro de Diagnóstico Miriam Bender.

5

Cuando crecen los hijos

Bebés hiperactivos

Algunos papás de niños hiperactivos se han percatado de que los bebés son difíciles desde un principio. Muchos niños que posteriormente fueron diagnosticados como DDAH tenían cólicos, eran irritables, y casi no dormían. Sin embargo, esto no siempre es el caso y algunos padres dicen que los niños con DDAH dormían bien cuando eran bebés mientras que otros niños con cólicos se volvieron niños que dormían tranquilamente cuando crecieron.

El cólico en sí mismo es una cuestión poco comprendida. Se conoce como el "cólico de los tres meses" porque en muchos casos el cólico y el llanto desaparecen alrededor de los tres meses; en China se conoce poéticamente como el "llanto de los cien días". Se han realizado muchas investigaciones para descubrir si el cólico de hecho es causado por aire atrapado en el intestino, y se ha llegado a pensar que no es así. El cólico, o el llanto, algunas veces puede ser causado por dolores estomacales, pero no en el caso de los niños que lloran regularmente todo el día o toda la noche, como lo hacen algunos bebés.

Los padres que tienen bebés con cólicos suelen decir que los bebés son muy tensos e irritables. Se despiertan fácilmente y no parecen dormir profundamente. Las investigaciones sobre el sueño en niños han demostrado que los bebés recién nacidos tienen un patrón de sueño diferente a los bebés de más edad o niños mayores. Un bebé recién nacido primero cae en la etapa de sueño más superficial, donde tiene sueños, y después pasa al sueño profundo. Cuando tiene cerca de tres meses el patrón cambia, y el bebé primero duerme profundamente y después tiene momentos en que duerme y se despierta durante la noche. Puede ser que en los niños con cólicos algunos mecanismos, tal vez la inmadurez del sistema nervioso o cableado del cerebro, parece evitar la suave transición del sueño profundo. El bebé se despierta después de un breve periodo de dormir con sueños y entonces es incapaz de volver a dormir, y llora de cansancio y frustración.

La mejor forma de lidiar con un bebé con cólicos es llevarlo en un portabebés o sostenerlo firmemente contra tu hombro, apoyando su cabeza, de modo que no mueva sus brazos o piernas ni golpee su cabeza. Tu bebé debe ponerse a caminar o debes zangolotearlo, o puedes hablar con una voz tranquila. Por lo general, el bebé responde al movimiento y la sensación de seguridad que lo acompaña es similar a la que tenía en el vientre materno. La mayoría de los bebés con cólicos están tranquilos mientras están en movimiento, ya sea sobre ruedas en la carreola, en un porta bebés o en un carro, siempre y cuando no tenga hambre. El ser arrullado rítmicamente en tus brazos, en una mecedora o en una hamaca, es muy tranquilizador, especialmente cuando mantienes el ritmo en unos sesenta vaivenes por minuto, la misma frecuencia que los latidos de tu corazón o de tus caderas cuando sales a caminar rápidamente.

Otro problema con los niños con cólicos es que algunas veces es difícil alimentarlos, pues luchan contra el pecho o el biberón. Esto puede ocurrir porque cuando un bebé pequeño llora, lo primero que suponemos es que tiene hambre y que necesita comer. De hecho, es posible que un bebé que llora no tenga hambre para nada (sobre todo si comió recientemente). Entonces toma el pecho y empieza a chupar para sentirse cómodo, y vuelve a empezar porque no quiere el alimento y llora con frustración. Si tu bebé va repetidamente al pecho o al biberón y después lo rechaza, por lo general significa que no tiene hambre. Lo mejor que puedes hacer es terminar de alimentarlo y hacer otra cosa para tranquilizarlo.

A medida que tu bebé crece, es posible que descubras que no se tranquiliza tanto como esperabas. Es probable que tu bebé duerma menos que otros bebés y sea muy demandante e irritable durante el día. A diferencia de otros bebés entre siete y nueve meses de edad, que se sienten contentos al sentarse rodeados de juguetes, el bebé hiperactivo estará gateando, rodando y trepando por todos lados, y tomará algo sólo para arrojarlo momentos después, y estará implorando que lo cargues, sólo para retorcerse y protestar para que lo bajes.

Con este tipo de bebé, muchos padres dicen que lo mejor es desarrollar una rutina y proporcionar muchísima estimulación. Con frecuencia este tipo de bebés responden bien cuando se les lleva a saltar o a sesiones de actividades especiales cuyo objetivo está dirigido a los niños que gatean y se les da la oportunidad de gatear y correr, rodar sobre superficies suaves y usar sus cuerpos. También es posible que les guste nadar y salir de casa.

Niños que gatean

Por lo general, cuando tu hijo empieza a gatear, a la edad de dos o tres meses, la mayoría de los padres se percatan de que su hijo es diferente. Tienen la esperanza de que su irritable bebé se tranquilice, pero descubren, para su desgracia, que no se calma cuando camina, ni cuando empieza a hablar ni cuando se integra a actividades con otros niños en preescolar.

A un niño típico con DDAH que gatea, no le gustará ser limitado físicamente de ninguna forma. Tratará de salirse del corral o se levantará y gritará. Luchará con las correas de la carreola y tratará de salirse de su silla alta; si no lo logra, gritará lleno de frustración. Se le dificultará estar quieto para jugar, pondrá un ladrillo sobre otro para luego derribarlos, hará una o dos marcas con la crayola antes de arrojarla, tomará un libro y lo mirará durante uno o dos segundos y después enfocará su atención en otra cosa. Será difícil alimentarlo, tomará la comida y la arrojará, y no se sentará quieto durante el tiempo suficiente para tener una comida completa. Su sueño puede ser errático y puede protestar cuando lo acuesten para dormir en la noche o para que tome una siesta, y dormirá sólo durante periodos cortos.

Este tipo de niño es agotador para los padres y tiene problemas para hacer amigos o participar en actividades sociales. A los demás niños no les gusta alguien que anda corriendo por todas partes, rompiendo sus juguetes, interrumpiendo sus juegos y que no sabe esperar su turno ni integrarse al grupo.

Muchos padres esperan que su hijo hiperactivo se calme más una vez que empiece a ir al jardín de niños o a la guardería. Desafortunadamente esto no siempre sucede. Mientras algunas veces se beneficiará de actividades y estimulaciones adicionales, y asistir a estos sitios le dará un descanso a la agotada mamá, es posible que el niño siga siendo problemático. En los grupos de mamás con niños que gatean, donde las madres y otras personas se turnan para cuidarlos, el niño hiperactivo ocasionará dificultades muy pronto. Es posible que su mamá se sienta incapaz de salir porque el niño necesita una supervisión constante o porque otros padres dicen que no pueden con él.

No importa cuán difícil parezca, es importante perseverar con la socialización de tu hijo. Es importante darle tiempo para estar con él para que lo ayudes a jugar de manera constructiva, así como tiempo con otros niños para que aprenda a esperar, escuchar y esperar su turno. Tal vez los puntos siguientes te ayuden a preparar a tu hijo para asistir al jardín de niños, a la guardería o a la escuela:

* *Asegúrate de que tu hijo te mire cuando le hablas*
* *Simplifica lo que dices*
* *Habla despacio*
* *Presenta las instrucciones en el orden en que deben realizarse las cosas*
* *Usa información visual como pinturas, imágenes, gestos y símbolos que sirvan de apoyo para la comprensión de tu hijo*
* *Describe lo que el niño va a hacer, está haciendo y ha hecho*
* *Repite las palabras clave y la información*

Ayuda al desarrollo de las habilidades de lenguaje de tu hijo hablándole, cantando canciones con números y rimas, y:

❋ *Poniendo el ejemplo de los que debería haber dicho tu hijo, por ejemplo, cuando dice: "Cuchara ha cayó", tú debes repetir: "Sí, la cuchara se cayó".*

❋ *Extiende las palabras aisladas. Así, cuando dice: "Carro", tú debes decirle: "Sí, estás manejando el carro", o cualquier otra cosa apropiada para las acciones que está realizando.*

Niños en edad escolar

Cuando los niños van a la escuela, el DDAH se convierte en un problema que rebasa a la familia inmediata; se convierte en un problema para la escuela también. Puesto que los niños con DDAH tienden a funcionar mejor en una situación más estructurada, es buena idea visitar tantas escuelas primarias como puedas para ver cuál será la más adecuada para tu hijo. Las escuelas primarias que permiten que los niños anden por todos lados y elijan la actividad que desean realizar pueden ser adecuadas para algunos niños, pero no para lograr lo mejor de tu hijo con DDAH. Busca una guardería donde haya una estructura y una rutina para cada día.

Si tu hijo ha sido diagnosticado con DDAH, es importante hablar de esto antes con las personas encargadas en la escuela, o hacerlo tan pronto como tu hijo empieza a asistir a la escuela. Es buena idea solicitar una junta con el director y la maestra del grupo de tu hijo para explicarles las dificultades que tiene y lo que has estado haciendo en casa. Con frecuencia resulta útil si la escuela tiene una estrategia para que tú respaldes en casa, y viceversa, de modo que tu hijo no esté recibiendo mensajes contradictorios.

Algunas veces los problemas de los niños con DDAH sólo se hacen evidentes cuando empiezan a ir a la escuela. Esto es porque las dificultades pueden hacerse aparentes en un ambiente social, y cuando se espera de ellos que realicen un trabajo más ordenado y concentrado. Es posible que llegues a la conclusión de que tu hijo es de un tipo físico al que le gusta estar corriendo y jugar con una pelota, pero que nunca ha estado interesado en leer tranquilamente ni en colorear un libro, y esto no te preocupa. Sin embargo, la escuela tendrá un punto de vista distinto. Si la maestra se acerca a ti con problemas que han surgido a partir del comportamiento de tu hijo en la escuela, escúchala. Muchos padres se ponen a la defensiva y dicen: "nunca había tenido un problema hasta que empezó a ir a la escuela". Tal vez así sea, pero esto no significa que no haya un problema ahora.

Con frecuencia a los niños con DDAH se les dificulta estar tranquilos en el nuevo ambiente que es la escuela. Es posible que surjan problemas en determinado momento, por ejemplo en aquellos de tranquilidad cuando se les dice a los niños qué hacer, o cuando se les contará un cuento al terminar las clases y se espera que se sienten en silencio. Los niños con DDAH tienden a experimentar una avalancha de críticas en la escuela, así que necesitan que se les den oportunidades para tener éxito y recibir elogios. Los maestros necesitan que se les recuerde que es mucho mejor una combinación de premios positivos y elogios por un buen comportamiento, además de no hacerles caso ni castigar el comportamiento equivocado.

Puede ser que la escuela necesite ayuda adicional para lidiar con tu hijo. Tal vez necesiten a un ayudante especial en el salón con el fin de supervisarlo. Muchos niños con DDAH necesitarán que les repitan las instrucciones y necesitarán trabajar en periodos cortos de tiempo con actividad física entre ellos. Si tu hijo está afectado severamente, puede ser útil si tu trabajo con la escuela recibe ayuda adicional en el salón de clases.

Si tu hijo no ha sido diagnosticado con DDAH, tal vez la escuela sugiera que se llame a un psicólogo educativo para ayudar a tener un diagnóstico. Es posible que se haga una evaluación con un psicólogo, un médico y otros profesionales de la salud. Si se decide que tu hijo tiene necesidades especiales, tal vez se le proporcione ayuda adicional y se contrata una persona más para que esté en el salón o para las sesiones individuales.

Inevitablemente en la escuela donde hay muchos niños en un salón, va a ser difícil para los maestros hacer los ajustes en la forma en que da la clase para facilitarle la vida a tu hijo. Sin embargo, si hacen algunos cambios, ayudará a todos el hecho de que tu hijo sea más controlable. Cuanto más organizado sea el salón de clases, más fácil será para tu hijo saber qué hacer. Es importante que la maestra ponga énfasis en lo que tu hijo *debería* estar haciendo y no en lo que no debería hacer.

También puede ser útil escribir las instrucciones así como dárselas en voz alta. Las instrucciones deberán darse de una en una, en forma clara y sencilla. Es útil que hagas contacto visual con tu hijo. Se le puede pedir que repita las instrucciones para comprobar que ha comprendido. Dividir una tarea en otras más pequeñas y manejables también puede ayudar y tal vez tu hijo necesite saber cuánto tiempo debe invertir en cada una. La retroalimentación positiva ayudará a aumentar la autoestima y a despertar su deseo de aprender.

Los maestros pueden lograr la atención de tu hijo llamándolo por su nombre, tocando su hombro o brazo, o usando una señal no verbal preestablecida. Es importante evitar constantes reprimendas, y darle reconocimiento cuando lo merezca lo cual se reflejará en un mejor comportamiento.

También es importante que si tu hijo se retrasa con el trabajo, no utilice los momentos de recreo y de comida para ponerse al corriente. Tu hijo necesita este tiempo para correr y estar físicamente activo. Si requiere de un descanso, puedes pedirle que haga un mandado o alguna actividad física.

Si tu hijo interrumpe mucho en clase, esto obviamente puede afectar el aprendizaje de los demás niños y no puede ser pasado por alto. Los maestros necesitan elaborar una estrategia congruente para lidiar con el comportamiento inadecuado. La mejor es ignorarlo, pero si el comportamiento negativo continúa, es necesario interrumpirlo, señalar que el comportamiento es inadecuado y, entonces, si el comportamiento negativo continúa, utiliza la estrategia de "tiempo fuera".

Algunos niños con DDAH necesitarán tomar medicamentos en la escuela, normalmente Ritalin. Puesto que las medicinas utilizadas para el DDAH sólo duran entre tres y cuatro horas, un niño necesitará tomar una dosis al medio día. La mayoría de los niños pequeños no podrán ser responsables de esto, y muchos niños con DDAH son caóticos y se les dificulta recordar si ya tomaron su medicina o no, aun cuando sean mayores. Las escuelas no están legalmente obligadas a darle su medicina al niño; algunas están dispuestas a hacerlo, otras no. Es importante explicar el problema y la importancia que tiene que tu hijo tome su medicamento. La mayoría estará dispuesta a ayudar de alguna manera, incluso si se trata de revisar que tu hijo haya tomado su medicamento en lugar de dárselo directamente.

Adolescentes

En cerca del 70 por ciento de los niños diagnosticados con DDAH, éste aún persiste en la adolescencia, y en cerca del 10 por ciento lo conservarán hasta la edad adulta. Mientras que muchos niños con DDAH se vuelven más tranquilos y menos hiperactivos a medida que crecen, a menudo permanecen los problemas por déficit de atención. Esto inevitablemente afecta la habilidad de tu hijo para aprender en la escuela, en sus relaciones con su familia y en su sentido de autoestima.

Inevitablemente los adolescentes son muy conscientes de cualquier diferencia que tengan con los demás de su edad. Con frecuencia se sienten ansiosos sobre lo que piensan otras personas acerca de ellos y son especialmente vulnerables a las críticas. Si tu hijo recibe constantes críticas se sentirá muy mal. Tal vez sienta que no se desempeña bien en la escuela, así que dejará de intentarlo. Sin ayuda y una intervención especializada, puede empezar un círculo vicioso.

Es más importante que nunca darle a tu hijo elogios siempre que sea posible y tratar de romper el círculo de baja autoestima y mal comportamiento. Trata de que tu hijo se involucre en actividades físicas como diversos deportes o la natación. Prémialo y elógialo por su buen comportamiento, trata de ignorar su mal comportamiento a menos que se salga de control. Trata de tomar en cuenta la vida social de tu hijo; si parece tener siempre amistades inadecuadas, trata de proporcionarle alternativas atractivas en lugar de sólo criticar a sus amigos o prohibirle que los vea. Es posible que tengas que aliarte con los maestros y la escuela para asegurar que tu hijo está logrando lo máximo de sus oportunidades educativas.

FALLAS EN LA ESCUELA

Muchos niños con DDAH fallan en la escuela. Esto puede haber empezado en la escuela primaria y, para cuando los niños se están preparando para importantes exámenes, es posible que se encuentren muy por debajo de sus contemporáneos y sepan que no van a tener éxito. Sin las calificaciones educativas, sus oportunidades para conseguir un empleo bien remunerado se reducen dramáticamente. Cada vez hay menos trabajo manual que no sea especializado, y estos jóvenes con frecuencia pueden sentir que no valen.

Es probable que a las familias se les dificulte lidiar con el adolescente. Una vez que los padres descubren que sus hijos son más altos y más fuertes que ellos, pueden llegar a sentirse amenazados e incapaces de lidiar con ellos. Esto se aplica especialmente a madres solteras, o a madres cuya pareja está casi siempre ausente trabajando, que cuidan a un adolescente, sobre todo si es agresivo e impulsivo.

Los adolescentes con DDAH tienden a ser vistos aún más negativamente que los niños más pequeños. Algunas veces las relaciones familiares se destruyen completamente, y en el Reino Unido se ha calculado que más del 40 por ciento de los adolescentes en tratamiento tienen DDAH o algún trastorno de conducta, o ambos. Muchos niños con DDAH no reciben apoyo de la escuela y su comportamiento puede dar como resultado suspensiones, exclusiones y hasta expulsiones, con resultados devastadores para su futuro.

Es importante asegurarse de que la escuela es consciente de los problemas de tu hijo y buscar su apoyo para encontrar soluciones. Si les explicas la situación por adelantado y les muestras que estás dispuesta a ayudar en lo que sea necesario, es posible que se muestren más cooperativos. Ahora muchas escuelas tienen contratos entre el niño, los padres y la escuela para asegurarse de que el niño haga la tarea, de que se obedezcan las reglas y de que el niño está recibiendo el mismo mensaje tanto de los padres como de la escuela. No es aconsejable entrar en la batalla en la que se culpa a la escuela por el fracaso de tu hijo. Es mucho más constructivo trabajar juntos, y así existe mayor posibilidad de ayudar a resolver las dificultades.

PROBLEMAS CON LA POLICÍA

Las investigaciones han demostrado que los adolescentes con DDAH tienen más tendencia que otros a meterse en problemas con la policía. Esto puede ser por su gran impulsividad, o porque la escuela los deja tan insatisfechos que empiezan a alejarse de ella para involucrarse en el crimen. Un grupo de compañeros de adolescentes es extremadamente importante y los niños que no asisten a la escuela pueden hacer contacto con otros que están involucrados en actividades indeseables.

Un estudio ha demostrado que la hiperactividad, la impulsividad y el déficit de atención en los niños de ocho años son un antecedente a la delincuencia cuando estos niños llegan a la adolescencia. Algunos investigadores creen que el DDAH está vinculado a trastornos de personalidad en los adultos, y existe la creencia de que los trastornos de personalidad podrían ser DDAH no diagnosticado en adultos. Sin embargo, esto no significa que cada niño con DDAH cuando crezca tenga una vida relacionada con el crimen, simplemente resalta que existe el potencial si las necesidades del niño no son reconocidas, si su familia no puede lidiar con él y lo rechaza, si no recibe ayuda en la escuela y se queda sin las calificaciones necesarias y sin ninguna clase de apoyo.

Los adolescentes con DDAH, incluso niños más pequeños, necesitan aumentar su autoestima. Una forma en que pueden sobresalir es en el deporte, así que si le buscas actividades deportivas y entrenamiento, esto tendrá sus dividendos. Los niños con DDAH que son físicamente activos pueden ser más capaces de concentrarse cuando esto es lo que se espera de ellos. Los equipos deportivos también son buenos para ayudar a los niños a socializar, a trabajar en equipo y a hacer amistades, lo cual es más difícil para un niño con DDAH en la escuela.

Algunas veces los niños con DDAH se pueden beneficiar al ir a una escuela especial donde se pueden satisfacer sus necesidades específicas. Desafortunadamente, muchos padres se imaginan casi siempre unidades especiales donde los niños tienen una amplia variedad de problemas educativos, de comportamiento y emocionales, que no siempre ayudan a su hijo. Por lo tanto, muchos padres prefieren pagar una escuela privada donde sus hijos estén en un grupo pequeño y haya maestros y asistentes, y tengan mejores instalaciones deportivas.

En conclusión

Los padres no deberían pensar que si su hijo es diagnosticado como DDAH no tiene futuro; lejos de eso. La mayoría de los niños hiperactivos saldrán adelante, y si su energía puede ser canalizada en una dirección positiva, pueden llegar muy alto. Muchos niños con DDAH se desempeñan bien en la escuela con ayuda adicional, y existen tratamientos disponibles que ayudan cuando hay verdaderos problemas. Otros nunca podrán con la escuela, pero aún así pueden recibir ayuda para lograr una buena relación con sus compañeros, sus maestros y su familia.

Muchas de las terapias mencionadas en este libro pueden proporcionar grandes beneficios a los niños con DDAH. Muchos lucharán con firmeza, amor apoyo y ayuda. La mayoría de estos niños no deberán ser rechazados por considerarlos traviesos, desobedientes y flojos, sino que deberá dárseles la comprensión y la ayuda práctica necesaria para permitirles satisfacer su potencial individual y alcanzar una vida plena y feliz.

Apéndice

CRITERIOS PARA DDAH

Tabla 1.
Trastorno por hiperactividad con déficit de atención (DDAH)
A. ya sea (1) o (2)

(1) SEIS (O MÁS) DE LOS SIGUIENTES SÍNTOMAS DE FALTA DE ATENCIÓN HAN PERSISTIDO DURANTE POR LO MENOS SEIS MESES HASTA EL GRADO EN QUE ESTÁ MAL ADAPTADO Y NO ES CONGRUENTE CON SU NIVEL DE DESARROLLO.

FALTA DE ATENCIÓN

A. Con frecuencia no puede poner atención a los detalles o comete errores por descuido en las tareas escolares, en el trabajo y otras actividades.

B. Con frecuencia tiene dificultad para mantener la atención en las actividades de tareas o de juego.

C. Con frecuencia no parece escuchar cuando se le habla directamente.

D. Con frecuencia no parece seguir las instrucciones y no puede terminar las tareas escolares ni otros deberes en el lugar de trabajo (no debido a un comportamiento de oposición o incapacidad para comprender las instrucciones).

E. Con frecuencia tiene dificultad para organizar las tareas y las actividades.

F. Con frecuencia evita, le disgusta o está renuente a comprometerse en tareas que requieren de un esfuerzo mental sostenido (como la tarea o trabajo escolar).

G. Con frecuencia pierde las cosas necesarias para realizar las tareas o las actividades (como juguetes, tareas, lápices, libros, o instrumentos).

H. Con frecuencia se distrae con estímulos externos.

I. Con frecuencia se le olvidan las actividades diarias.

(2) SEIS O MÁS DE LOS SIGUIENTES SÍNTOMAS DE HIPERACTIVIDAD-IMPULSIVIDAD HAN PERSISTIDO POR LO MENOS DURANTE SEIS MESES HASTA UN GRADO EN QUE ESTÁ MAL ADAPTADO Y NO HAY CONSISTENCIA CON SU NIVEL DE DESARROLLO.

HIPERACTIVIDAD

A. Con frecuencia agita las manos o los pies, y se menea en la silla.

B. Con frecuencia se levanta de la silla en el salón de clases y en otras situaciones donde no es correcto hacerlo (en adolescentes y adultos esto puede limitarse a sentimientos subjetivos de inquietud).[1]

C. Con frecuencia tiene dificultad para jugar o comprometerse tranquilamente en actividades de esparcimiento.[2]

D. Con frecuencia anda de prisa y actúa "como si estuviera manejado por un motor".[3]

E. Con frecuencia habla en exceso.[4]

IMPULSIVIDAD

F. Con frecuencia avienta las respuestas antes de que se haya terminado la pregunta.

G.	Con frecuencia tiene dificultades para esperar su turno.
H.	Con frecuencia interrumpe a otros o se entromete (como en las conversaciones o en los juegos).

[1] Algunos síntomas hiperactivos-impulsivos o de falta de atención que provocan impaciencia estaban presentes antes de los siete años.

[2] Algunas diferencias a partir de los síntomas están presentes en dos o más ambientes (esto es, en la escuela o trabajo y en la casa).

[3] Debe haber evidencia clara de una dificultad clínicamente significativa en el funcionamiento social, académico u ocupacional.

[4] Los síntomas no se presentan exclusivamente durante el curso de un trastorno del desarrollo, esquizofrenia y otros trastornos psicóticos y no se han localizado en otros trastornos mentales (como trastornos del estado de ánimo, trastorno por ansiedad, trastorno disociativo o trastorno de la personalidad.

Tabla 2.
Trastorno de personalidad desafiante

1.	Con frecuencia pierde el control.
2.	Con frecuencia discute con los adultos.
3.	Con frecuencia desafía o rechaza las solicitudes o reglas de los adultos, esto es, se niega a hacer quehaceres en casa.
4.	Con frecuencia deliberadamente hace cosas que molestan a otros, por ejemplo toma las gorras de otros niños.
5.	Con frecuencia culpa a otros de sus errores.
6.	Con frecuencia está muy susceptible y se molesta fácilmente con otros.
7.	Con frecuencia está molesto y resentido.
8.	Con frecuencia es vengativo y rencoroso.
9.	Con frecuencia jura o utiliza lenguaje obsceno.
(i)	Por lo menos cinco de los nueve comportamientos arriba señalados deberán estar presentes más de lo usual en el grupo de compañeros.
(ii)	Este trastorno por lo general empieza a la edad de 18 años y puede evolucionar en un trastorno de conducta.

Tabla 3.
Trastorno de conducta

1. Ha robado sin la confrontación de una víctima en más de una ocasión (incluyendo la falsificación).

2. Ha huido de casa durante la noche por lo menos dos veces mientras vivía en casa de sus padres (o una vez sin volver a regresar).

3. Miente con frecuencia (y no para evitar abuso sexual o físico).

4. Se ha involucrado deliberadamente para provocar un incendio.

5. Con frecuencia se va de pinta de la escuela (alguien mayor, se ausenta del trabajo).

6. Ha entrado en la casa de otra persona, en un edificio o en un carro ajeno.

7. Deliberadamente ha destruido la propiedad ajena (que no sea por un incendio).

8. Ha sido físicamente cruel con los animales.

9. Ha forzado a alguien a tener actividad sexual con él o ella.

10. Ha usado un arma en más de una pelea.

11. Con frecuencia inicia peleas físicas.

12. Ha robado confrontando a la víctima (esto es, tomar incautos, arrebatar la bolsa, extorsión, robo a mano armada).

13. Ha sido físicamente cruel con las personas.

14. Por lo menos tres de los puntos arriba mencionados deberán estar presentes durante un mínimo de seis meses.

Esta edición se imprimió en Febrero de 2007. Servag Batalla
de Capulalpan 1876 Col: Leyes de Reforma México D.F.

SU OPINIÓN CUENTA

Nombre...

Dirección..

Calle y núm. exterior.............................interior..................

Colonia....................................Delegación..........................

C.P...................Ciudad/Municipio.......................................

Estado..País............................

Ocupación...Edad.........................

Lugar de compra..

Temas de interés:

- ☐ Empresa
- ☐ Superación profesional
- ☐ Motivación
- ☐ Superación personal
- ☐ New Age
- ☐ Esoterismo
- ☐ Salud
- ☐ Belleza

- ☐ Psicología
- ☐ Psicología infantil
- ☐ Pareja
- ☐ Cocina
- ☐ Literatura infantil
- ☐ Literaura juvenil
- ☐ Cuento
- ☐ Novela

- ☐ Cuento de autor extranjero
- ☐ Novelas de autor extranjero
- ☐ Juegos
- ☐ Acertijos
- ☐ Manualidades
- ☐ Humorismo
- ☐ Frases célebres
- ☐ Otros

¿Cómo se enteró de la existencia del libro?

- ☐ Punto de venta
- ☐ Recomendación
- ☐ Periódico

- ☐ Revista
- ☐ Radio
- ☐ Televisión

Otros..

Sugerencias_____

_____

_____

Cómo identificar y ayudar a niños hiperactivos: